曹薰铉、李昌镐精讲围棋系列

攻击

精讲围棋中盘技巧

曹薰铉围棋研究室 —— 编著

U0367636

化学工业出版社

·北京·

图书在版编目（CIP）数据

精讲围棋中盘技巧.攻击/曹薰铉围棋研究室编
著.—北京：化学工业出版社，2020.3
（曹薰铉、李昌镐精讲围棋系列）
ISBN 978-7-122-36189-9

Ⅰ.①精…　Ⅱ.①曹…　Ⅲ.①围棋-对局（棋类运动）
Ⅳ.①G891.3

中国版本图书馆CIP数据核字（2020）第025209号

责任编辑：史　懿　　　　　　　　　装帧设计：刘丽华
责任校对：刘　颖

出版发行：化学工业出版社（北京市东城区青年湖南街13号　邮政编码100011）
印　　装：大厂聚鑫印刷有限责任公司
710mm×1000mm　1/16　印张14¾　字数211千字　2020年9月北京第1版第1次印刷

购书咨询：010-64518888　　　　　　　售后服务：010-64518899
网　　址：http：//www.cip.com.cn
凡购买本书，如有缺损质量问题，本社销售中心负责调换。

定　　价：59.80元
版权所有　违者必究

中盘是布局结束后，双方开始短兵相接的战斗阶段。如果说布局是围棋的骨架，中盘则可称作围棋的血肉。

中盘战的情况如何，对整盘棋的胜败有着直接的、关键性的影响。虽然布局的好坏对胜负也有间接的影响，官子水平如何也影响到胜负，但其影响力均远不及中盘。就算布局非常完美，若在中盘战中，不幸大龙被屠，则肯定很难赢棋；或者说尽管收官水平高超，但在官子阶段要挽回中盘战中的大量损失，也是极其困难的。

业余棋手下棋的一个主要特征，就是很多棋局在中盘阶段就结束了战斗。尤其是初学者，很少有最后依靠点目才分出胜负的时候。而专业棋手正好相反，相对来说，中盘就结束战斗的情况较少。

人们不禁要问，出现这一现象的原因是什么？道理很简单，中盘战斗包括了打入、腾挪、攻击、防守等许多技巧，专业棋手久经沙场，不易被一下击垮，而业余棋手在这方面存在着明显的差距，正所谓"一着不慎，满盘皆输"。

《精讲围棋中盘技巧.攻击》中，作者精选了韩国职业棋手或业余高手对局，将其中经常出现的中局棋形进行梳理，以问题的形式提出，并进行详细的解答，以此来讲解中盘的攻防技巧。深入学习《精讲围棋中盘技巧》相信能对广大读者提高棋力有所帮助。

青董铉
2020 年 5 月

前言

　　围棋是中国的国粹，它能启发智力，开拓思维，是一项非常有益的修身养性的娱乐活动。成人通过学习围棋，可以培养自己良好的心境和大局观；儿童通过学习围棋，可以培养耐心，提高注意力，锻炼独立思考能力，挖掘思维潜能，对课业学习也有十分明显的帮助。

　　那么如何学习围棋？如何学好围棋？什么样的围棋书才能更有针对性地提升棋艺水平？

　　韩国棋手曹薰铉、李昌镐不仅是韩国围棋的代表人物，在国际棋界也有举足轻重的地位。我们经与曹薰铉、李昌镐本人直接接洽，使得本系列书得以顺利出版。

　　《精讲围棋中盘技巧》以介绍实战中经常出现的基本棋形和提出并解答问题的形式，向大家讲解中盘战中的各种技巧。相信这套书对读者提高棋力会有很大帮助。本书中的问题，均是在完整棋盘上，截取局部打入的片段，未涉及打入部分的棋子在棋盘中被省略。

　　另外，本套书是"曹薰铉、李昌镐精讲围棋系列"的其中一套。本系列书共包括定式、布局、棋形、中盘、对局、官子、死活、手筋共8个主题，使用了韩国职业棋手的大量一手资料，其难度贯穿了围棋入门、提高、实战和入段等各个阶段，内容覆盖了实战围棋各个方面，是非常系统且透彻的围棋自学读物。

　　最后，对承担本书稿件整理、编辑出版工作的朋友们一并致以诚挚的谢意。

编著者

2020 年 3 月

目录

第1章　基本攻击法52型

第 2 章　攻击手筋 39 型
●●●

基本攻击法52型

基本图1 ▶▶

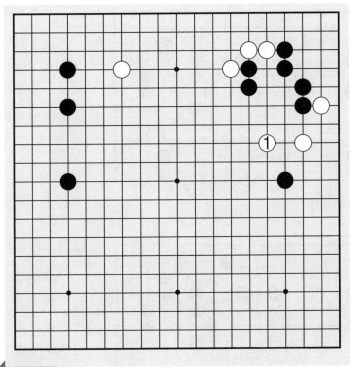

基本图1

　　黑先。白1单跳，意在出头，其后黑棋欲通过攻击上边的白棋以确立优势。请问黑棋如何下最佳？

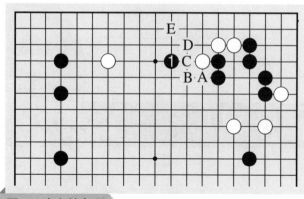

图1 攻击的急所

图1 攻击的急所

黑1是攻击白棋弱点的急所，其后A至E都是白棋可以考虑的应手。

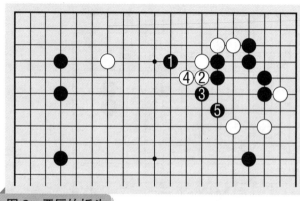

图2 严厉的扳头

图2 严厉的扳头

黑1攻击时，白2如果挺头，黑3扳头严厉，白4弯出，黑5虎是稳健的好棋。

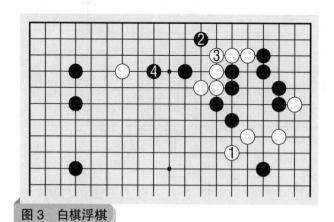

图3 白棋浮棋

图3 白棋浮棋

续图2，白1出头时，黑2飞先手利用，白3接，黑4拆一，白棋两块浮棋很难处理。

图4 黑棋的强手

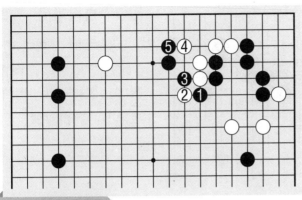

图4 黑棋的强手

黑1扳头时，白2如果扳，黑3断是强手，白4虎时，黑5挡下，白棋难受。

图5 白棋的变化

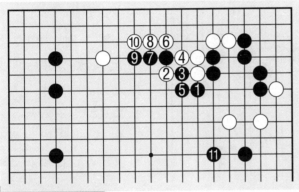

图5 白棋的变化

黑1时，白2若靠，黑3断是好棋，白4打吃，以下至白10，白棋虽可渡过，但黑11是攻击白三子的绝好点。

图6 严厉的攻击

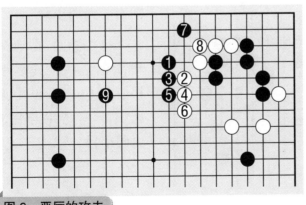

图6 严厉的攻击

黑1攻击时，白2尖谋求出头，黑3、5、7则先手利用，其后白8接时，黑9镇，黑棋的攻击取得了成效。

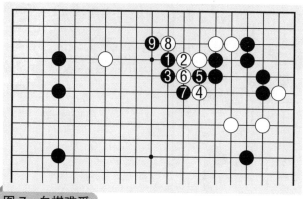

图7　白棋难受

图7　白棋难受

黑1时，白2顶、4跳是常用手段，但由于周边黑棋强大，以下至黑9，白棋难受。

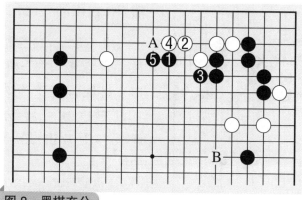

图8　黑棋充分

图8　黑棋充分

黑1时，白2如果虎，黑3拐后，黑棋充分。白4长，黑5长又是稳健的好棋，以后白A如果长，黑B可攻击右边白棋。

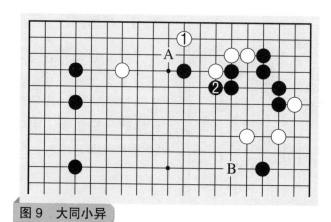

图9　大同小异

图9　大同小异

白1意在就地生根，黑2挡，其后黑棋在A位和B位中必居其一，结果与图8大同小异。

基本图 2 ▶▶

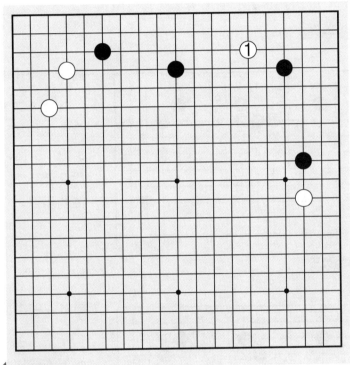

基本图 2

黑先。白1挂角，黑棋在周边棋子较强的背景下，可以通过强攻取得收益。请问黑棋应如何下？

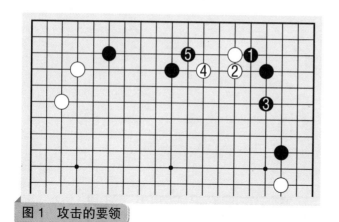

图1 攻击的要领

图1 攻击的要领

黑1尖顶、黑3跳是要领，其后白4整形时，黑5搜根，是攻击的好方法。

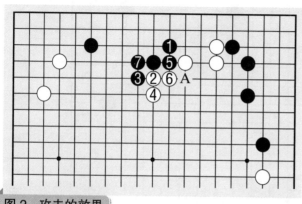

图2 攻击的效果

图2 攻击的效果

黑1攻击时，白2靠是常用手法，其后黑3扳、5顶，白6时，黑7接，瞄着白棋A位的弱点。

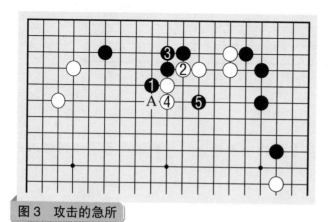

图3 攻击的急所

图3 攻击的急所

黑1扳时，白2如果先挤，黑3接稳健，白4长时，黑5点方又是攻击的急所。黑棋不仅处理好上边，以后还可在A位贴。

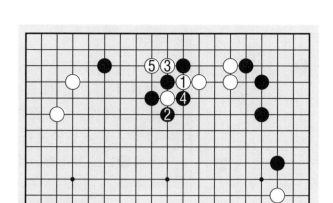

图 4 黑棋失算

图 4 黑棋失算

白1挤时，黑2打吃，白3反击，其后黑棋在气势上必在4位提子，但白5长后，黑棋不好。

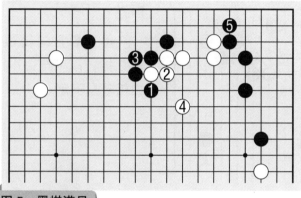

图 5 黑棋满足

图 5 黑棋满足

黑1打吃时，白2接下成愚形，黑3接后，白4必须应，黑5则下立，黑棋大获成功。

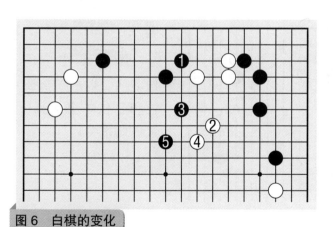

图 6 白棋的变化

图 6 白棋的变化

黑1搜根时，白2飞出是实战中经常使用的下法，此时黑3飞攻击白棋，以下至黑5，结果黑棋好调。

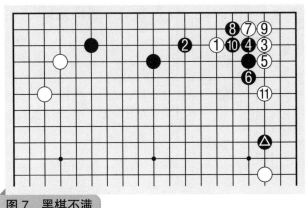

图7　黑棋不满

图7　黑棋不满

白1挂时，黑2夹攻不好，此时白3点三三转换，以下至白11均是定式化的进行，但黑△的位置不好，黑棋不满。

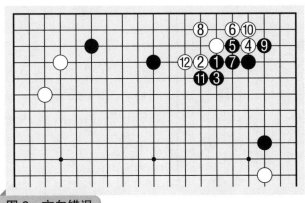

图8　方向错误

图8　方向错误

黑1靠方向错误，白2扳，以下至白10，白棋轻易安定。

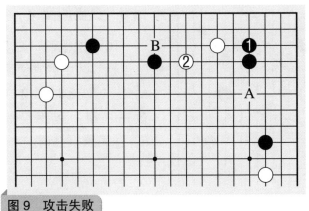

图9　攻击失败

图9　攻击失败

黑1玉柱守角，白2飞，以后白棋在A位和B位中必居其一，黑棋攻击失败。

基本图3 ▶▶

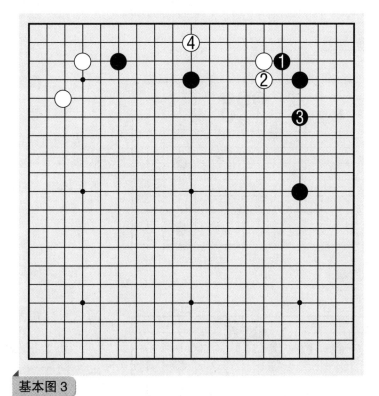

基本图3

黑先。黑1尖顶攻击白棋,白2长后,黑3单跳。白4低空飞行时,黑棋的攻击面临选择。请问黑棋的最佳攻击方法是什么?

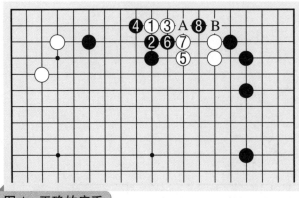

图1　正确的应手

图1　正确的应手

白1时，黑2顶正确，以下至白5是平常的进行。其后黑6冲、8点是锐利的手段，黑棋以后在A位和B位中必居其一。

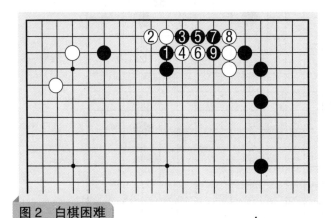

图2　白棋困难

图2　白棋困难

黑1顶时，白2长更加不好，黑3扳是强手，白4断，以下至黑9，白棋困难。

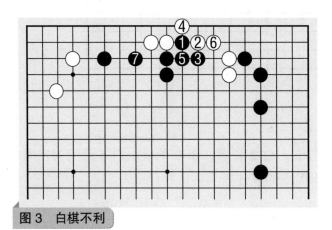

图3　白棋不利

图3　白棋不利

黑1扳时，白2夹，以下进行至黑7，白棋不仅未成一眼，而且还都集中在二路，白棋不利。

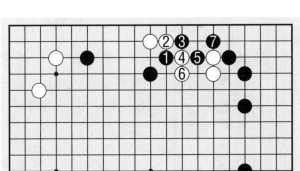

图4 黑棋的强手

图4 黑棋的强手

黑棋不选择图1的顶，而下黑1、3的强手也可成立，其后白4断，黑5打吃后，黑7渡过，黑棋有利。

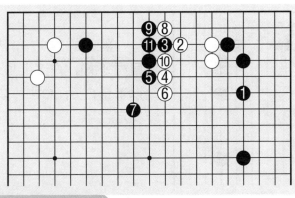

图5 白棋的本手

图5 白棋的本手

黑1补棋时，白2单跳整形是本手，黑3尖顶，以下至黑11均是预计的下法，双方均可下。

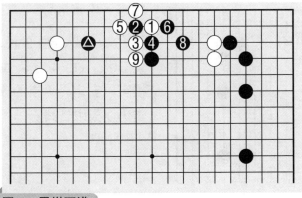

图6 黑棋不满

图6 黑棋不满

白1低空飞行时，黑2靠不好，白3扳，以下至白7可提掉黑一子，黑8虽可削弱白二子，但白9挺头，威胁黑▲一子，黑棋不满。

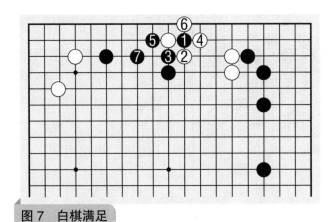

图7 白棋满足

图7 白棋满足

黑1靠同样不能赞许，白2扳，至白6获取安定，白棋可以满足。

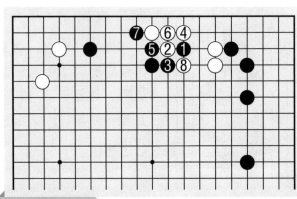

图8 白棋安定

图8 白棋安定

黑1的攻击方法同样不好，白2尖顶，以下至白8，白棋可以安定。

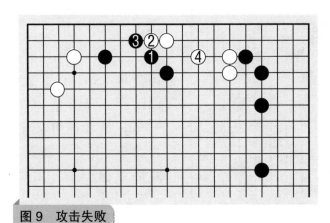

图9 攻击失败

图9 攻击失败

黑1尖，白2长，黑3扳，白4飞，白棋可以安定，黑棋的攻击仍以失败告终。

基本图 4 ▶▶

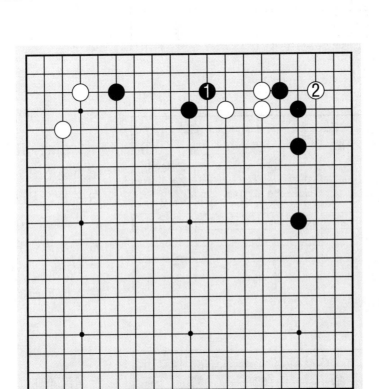

基本图 4

黑先。黑 1 尖不让白棋生根，白 2 三三进角，实际上白 2 是无理棋。请问黑棋应如何攻击白棋？

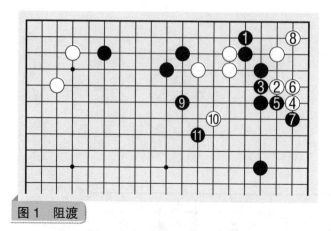

图1　阻渡

黑1下立是正确的攻击方法，白2点，以下至白8，白棋虽可活角，但黑9、11极其严厉。

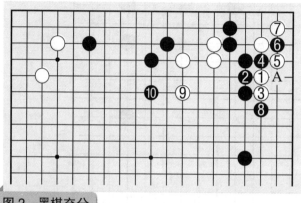

图2　黑棋充分

白1、黑2时，白棋为避免图1的进行而白3长，则黑4冲后黑6断先手利用，其后黑8扳，白9逃跑，黑10跳起，黑以后还有A位反打的手段。

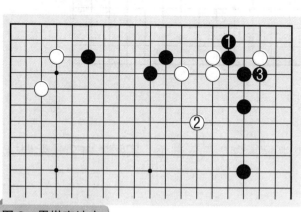

图3　黑棋实地大

黑1下立时，白2如果出头，黑3挡控制住角上白一子，黑棋的实地大。

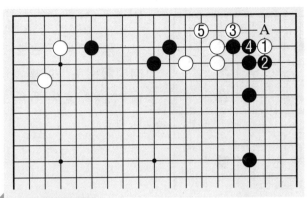

图 4　放弃攻击

　　白 1 时，黑 2 挡实际上是放弃攻击，其后白 3 扳、5 虎，白棋可以安定，而且以后还有白 A 下立的手段。

图 4　放弃攻击

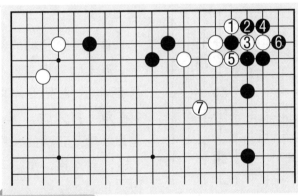

图 5　白棋充分

　　白 1 扳时，黑 2 扳可确保实地，但白 3 打吃，以下至白 7 可摆脱受攻，白棋充分。

图 5　白棋充分

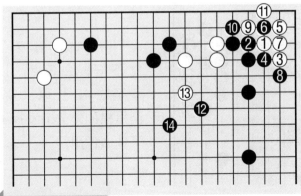

图 6　黑棋的变化

　　白 1 点三三时，黑 2 也可阻渡，其后白 3 尖，以下至白 11 活角，但黑 12、14 追攻，黑棋可以掌握大势的主动权。

图 6　黑棋的变化

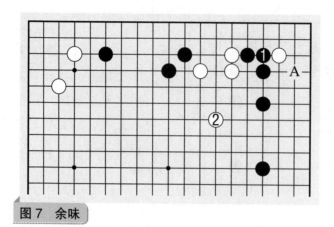

图7 余味

图7 余味

黑1时，白2飞向中腹出头是好棋，保留以后A位尖活角的权利。

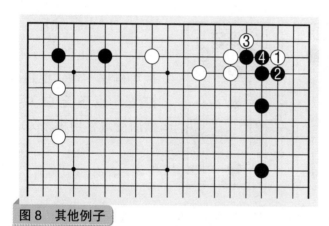

图8 其他例子

图8 其他例子

这是一个相似的例子，在上边白棋本来就是活棋的情况下，白1在角上打入时，黑2挡取实地是正确的，白3扳，黑4拐，黑棋可以满足。

图9 黑棋失败

图9 黑棋失败

白1时，黑2下立不好，白3点，以下至白13获取安定，而黑棋的外势却发挥不了什么作用。

基本图 5 ▶▶

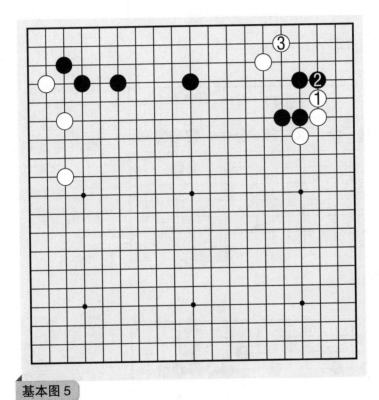

基本图 5

黑先。白 1 长，黑 2 挡，是实战中经常出现的基本定式。白 3 尖时，黑棋面临选择，请问黑棋应如何通过攻击来主导局势？

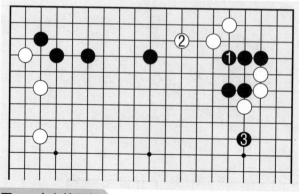

图 1　攻击的要领

图 1　攻击的要领

黑 1 双是稳健的好棋，其后白 2 拆一生根，黑 3 是攻击右边白棋的急所。

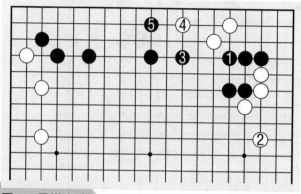

图 2　黑棋充分

图 2　黑棋充分

黑 1 时，白 2 补棋，黑 3 封锁是绝好点，白 4 时，黑 5 跳下，黑棋的攻击取得了成功。

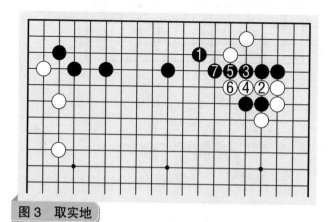

图 3　取实地

图 3　取实地

黑 1 是取实地时的强有力手段，白 2 冲也是具有气势的下法，以下至黑 7，黑棋充分可下。

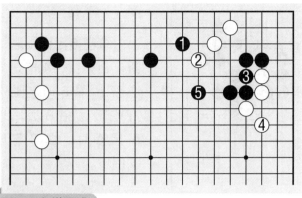

图4　白棋困难

黑1逼攻时，白2尖向中腹出头不好，黑3接后，白4虎，黑5镇是攻击的要领，白棋苦战。

图4　白棋困难

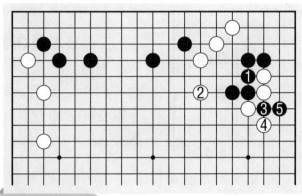

图5　黑棋有利

黑1接时，白2跳向中腹出头，则黑3断吃白二子，黑棋有利。

图5　黑棋有利

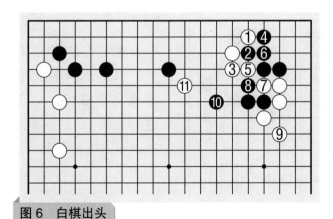

图6　白棋出头

白1时，黑2若尖顶，白3挺头是急所，黑4如果挡，白5、7切断是好次序，以下黑10时，白11肩冲是出头的要领。

图6　白棋出头

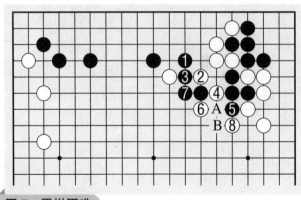

图7 黑棋困难

图7 黑棋困难

续图6，黑1若飞断，白2尖、4挖是好次序，黑5时，白6打吃后，白8扳，以后黑A时，白B可以吃倒包。

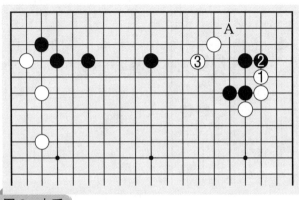

图8 本手

图8 本手

我们现在重新回到基本图。白1、黑2时，白A尖无理，这手棋应下在3位尖才是本手。

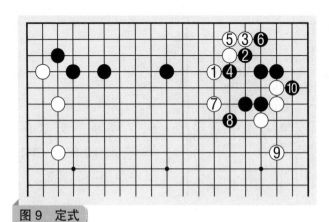

图9 定式

图9 定式

白1尖，黑2尖顶，其后黑4整形是要领，白5接，以下进行至黑10是基本定式，双方均无不满。

基本图6 ▶▶

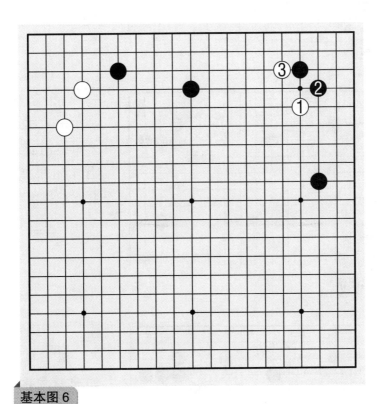

基本图6

黑先。白1挂时，黑2尖，其后白3靠实际上是无理棋。请问黑棋如何攻击才最佳？

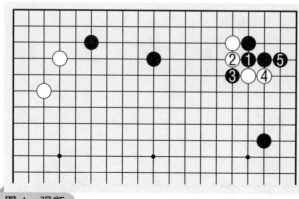

图1 强断

图1 强断

　　黑1、3切断是最强下法，其后白4如果挡，黑5立，白棋两块浮棋，由于周边的黑棋过于强大，白棋非常不利。

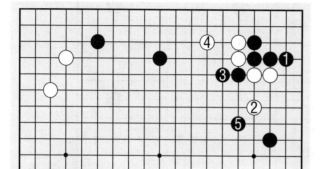

图2 白棋困难

图2 白棋困难

　　黑1下立时，白2如果出逃，黑3长，白4如果拆一，黑5封，白棋困难。

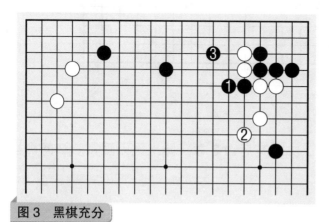

图3 黑棋充分

图3 黑棋充分

　　黑1长时，白棋如要避免图2的进行而白2尖，则黑3可以吃住白上边二子。

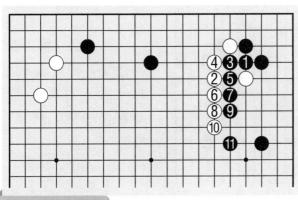

图 4　白棋的变化

图 4　白棋的变化

黑 1 时，白 2 补，黑 3 攻击白棋的弱点，以下至黑 11，黑棋占取很大的实地，黑棋的攻击取得了成功。

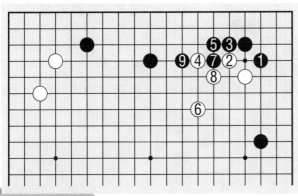

图 5　最佳下法

图 5　最佳下法

黑 1 尖时，白 2、4 是最佳下法，以下至黑 9 是实战中经常出现的基本型。

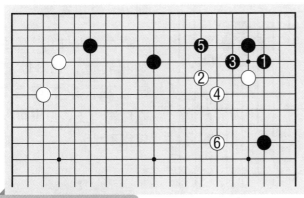

图 6　白棋的另一选择

图 6　白棋的另一选择

黑 1 时，白 2 二间跳轻快，其后黑 3 尖，白 4、6 处理，结果双方均无不满。

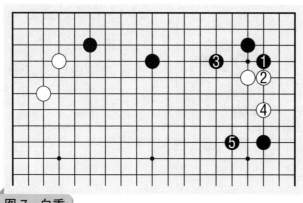

图7 白重

图7 白重

黑1尖时，白2挡过重，其后黑3飞，白4拆一整形，黑5跳起，白棋始终处于守势。

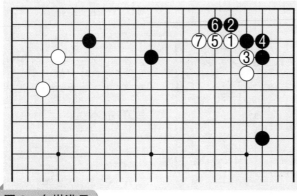

图8 白棋满足

图8 白棋满足

白1靠时，黑2扳不好，白3挤，以下至白7整形，白棋可以满足。

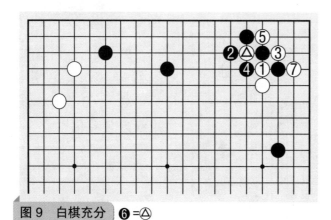

图9 白棋充分　⑥=△

图9 白棋充分

白1挤时，黑2如果打吃，白3断打是好棋，以下至白7吃住黑一子，白棋可以轻松取地。

基本图7 ▶▶

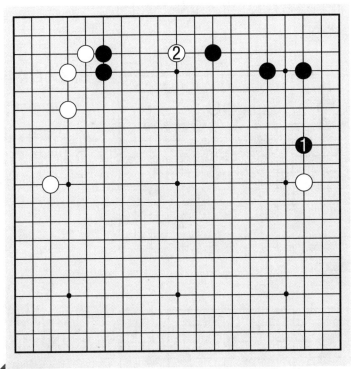

基本图7

　　黑先。黑1拆边时，白2打入。其后黑棋应如何通过攻击白一子来掌握主动权？

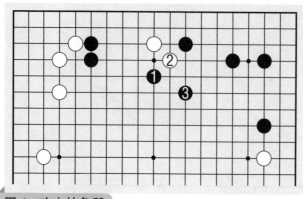

图1　攻击的急所

图1　攻击的急所

黑1镇阻止白棋向中腹出头，其后白2尖时，黑3飞是连贯的攻击方法。

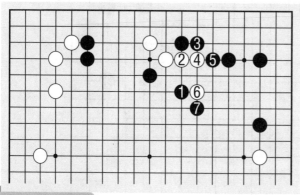

图2　白棋困难

图2　白棋困难

黑1飞，白2、4后白6靠，黑棋不仅可先手确保角地，而且黑7扳继续攻击白棋，白棋困难。

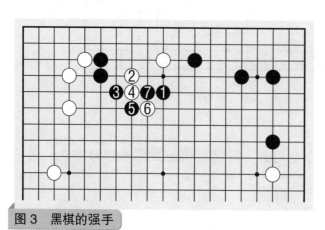

图3　黑棋的强手

图3　黑棋的强手

黑1镇时，白2飞试图出头，黑3尖封是最强下法，其后白4、6时，黑5、7切断是预定的作战方针。

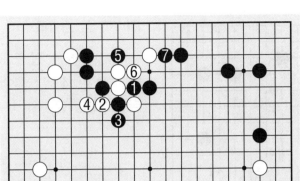

图4 黑棋有利

图4 黑棋有利

继图3，黑1后，白2打、4长，但黑5靠、7顶，以后不论白棋如何变化，黑棋都作战有利。

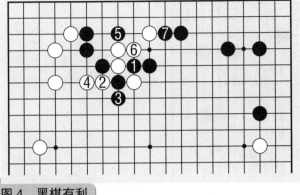

图5 黑棋不满

图5 黑棋不满

白1飞时，黑棋如没有发现图3中的强手，而于本图2位单跳是缓手，其后白3、5跳出，以后很难判断到底是谁攻击谁。

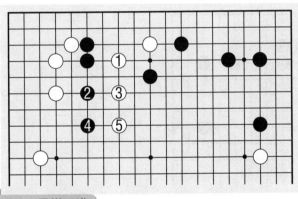

图6 白棋逃出

图6 白棋逃出

白1时，黑2若肩冲，白3挺头，以下至白9，白棋成功向中腹逃出，黑棋的攻击只能以失败告终。

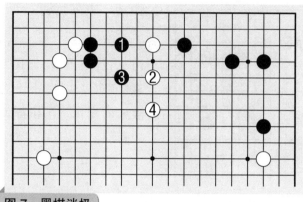

图7　黑棋消极

图7　黑棋消极

图 7　黑棋消极

　　黑 1 拆一过于消极，白 2、4 轻松跳出后，白棋满足。

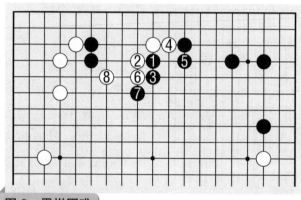

图8　黑棋困难

图 8　黑棋困难

　　黑 1 压是将左侧黑二子卷入危机的下法，白 2 扳，以下至白 8，白棋吃住黑二子。

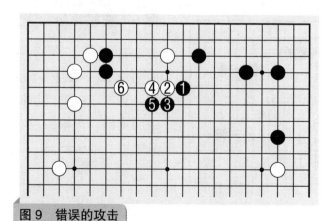

图9　错误的攻击

图 9　错误的攻击

　　黑 1 飞是错误的攻击方法，白 2 靠，以下至白 6 攻击黑二子，白棋满足。

基本图8 ▶▶

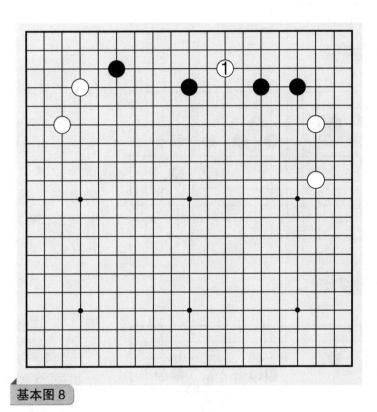

基本图8

黑先。白1打入时，黑棋如何攻击才最佳？

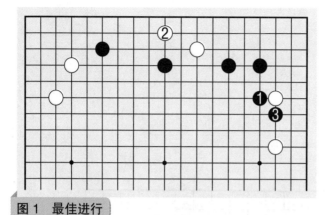

图1　最佳进行

图1　最佳进行

黑1压问白棋的应手是正确的，其后白2飞，黑3扳，是双方的最佳着法。

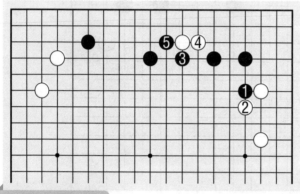

图2　正确的次序

图2　正确的次序

黑1压时，白2若扳，黑3再压是正确的次序，其后白4如果长，黑5虎，黑棋可以保持攻击的态势。

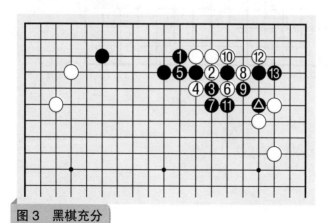

图3　黑棋充分

图3　黑棋充分

黑1时，白2冲，以下至白8必然，其后黑9反打，最大限度地利用黑△一子，以下至黑13，结果黑棋充分。

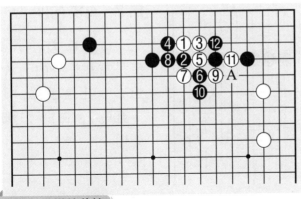

图 4　黑棋的苦恼

图 4　黑棋的苦恼

白 1 打入时，黑 2 立即压不好，白 3 长，以下至白 11 是与图 3 同样的次序，其后黑棋不能在 A 位断打，而必须黑 12 长，黑棋苦恼。

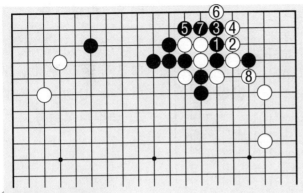

图 5　白棋满足

图 5　白棋满足

续图 4，黑 1 时，白 2 挡，以下至白 8，白棋果断弃去三子，而白棋所得的角地很大。

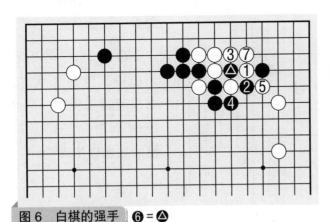

图 6　白棋的强手　❻ = ▲

图 6　白棋的强手

白 1 打吃时，黑 2 反打不好，其后白 3 提子，黑 4 挡时，白 5 断是强手，黑 6 提子，白 7 接即可。

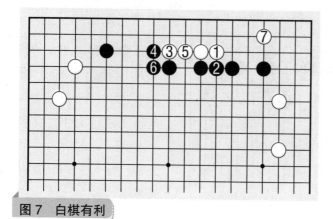

图7 白棋有利

图7 白棋有利

白1长时，黑2接是重视外势的下法，但白3托是手筋，以下至白7，白棋可轻松处理。

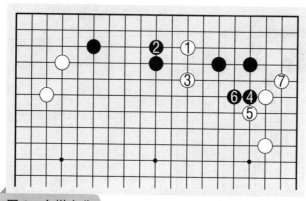

图8 白棋充分

白1时，黑2立，白3可轻松跳出，其后黑4、6进攻，至白7，结果白棋充分。

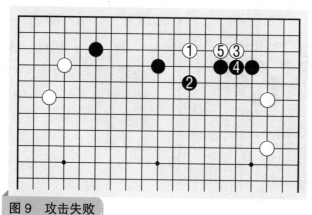

图9 攻击失败

图9 攻击失败

白1时，黑2攻击白棋，但白3点后，白棋可轻松安定。黑4接时，白5连回，黑棋的攻击以失败告终。

基本图 9 ▶▶

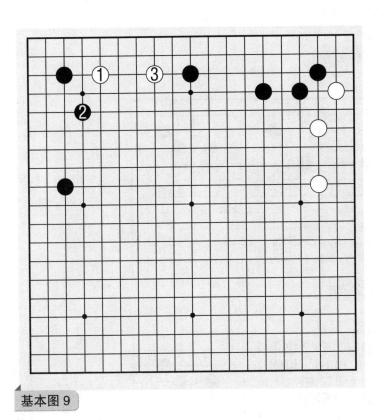

基本图 9

　　黑先。白 1 逼，其后白 3 拆，黑棋要猛攻白棋不容易，但可以通过攻击白棋有所收获。请问黑棋的攻击方法是什么？

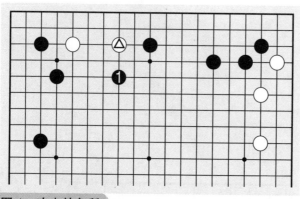

图 1　攻击的急所

图 1　攻击的急所

白△拆二时，黑 1 镇封锁白棋是急所。

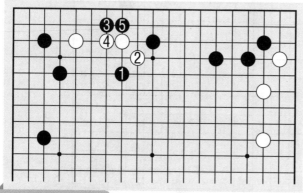

图 2　连贯的次序

图 2　连贯的次序

黑 1 镇，白 2 出头，黑 3 点是与黑 1 连贯的好手，白 4 如果挡，黑 5 连回，整块白棋受攻。

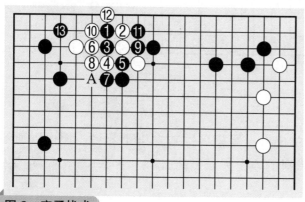

图 3　弃子战术

图 3　弃子战术

黑 1 点时，白 2 如果挡，黑 3、5 冲断是强手，白 6 时，黑 7 是很舒服的先手利用，以下至黑 13，白棋只有一只眼。其中黑 13 也有可能下在 A 位。

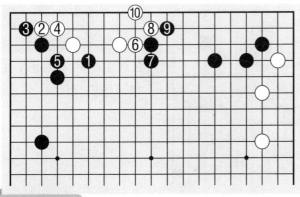

图 4　疑问手

图 4　疑问手

黑 1 的手段虽经常使用，但在本题中却是疑问手。白 2 托问黑棋的应手正确，以下至白 10，白棋已安定。

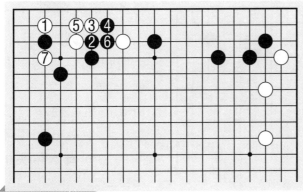

图 5　白棋充分

图 5　白棋充分

白 1 托时，黑棋为避免图 4 的进行，黑 2 冲，白 3、5 扳接则是好次序，黑 6 接时，白 7 夹占取角地，白棋成功。

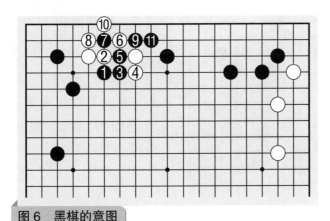

图 6　黑棋的意图

图 6　黑棋的意图

黑 1 时，白 2 挡是黑棋所希望的，其后黑 3 长，白 4 在气势上必须挺头，黑 5、7 则冲断，以下至黑 11，黑棋可以通过攻击白二子获取利益。

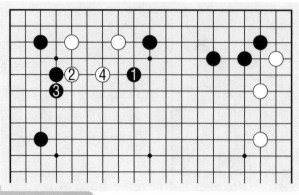

图 7　攻击失败

图 7　攻击失败

黑 1 飞攻不好，白 2 靠后，白 4 整形，白棋可以安定。

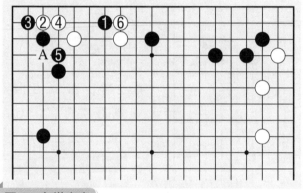

图 8　白棋安定

图 8　白棋安定

黑 1 直接点不好，因有白 2、4 托退的处理方法，黑 3、5 应，白 6 挡后，白棋已安定。其中黑 5 如果不下，白棋有 A 位夹的手段。

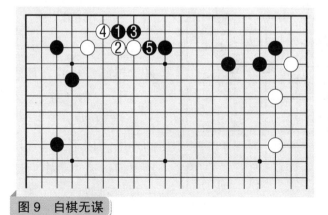

图 9　白棋无谋

图 9　白棋无谋

黑 1 点时，白 2 挡无谋，黑 3、5 退回，黑棋可以在捞取实地的同时，攻击整块白棋。

基本图 10 ▶▶

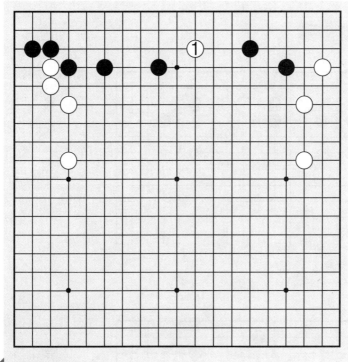

基本图 10

黑先。白 1 打入时，黑棋如何攻击白棋最佳？黑棋如果攻击不当，结果将不会好。

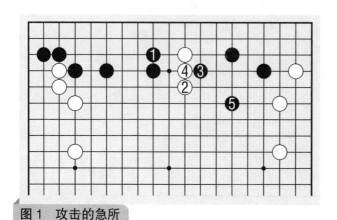

图1 攻击的急所

图1 攻击的急所

黑1立是急所，其后白2如果跳出，黑3刺后，黑5是攻击的要领。

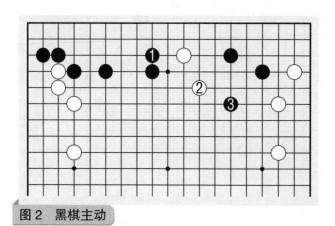

图2 黑棋主动

图2 黑棋主动

黑1立时，白2飞，此时白棋将棋下得轻灵一些是要领。但黑3二间跳后，仍是黑棋主动。

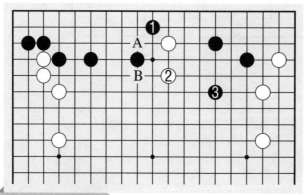

图3 黑棋的弱点

图3 黑棋的弱点

黑1飞的下法虽也可考虑，但在本题中略有缺憾。白2单跳后，白棋有在A位和B位腾挪的手段。

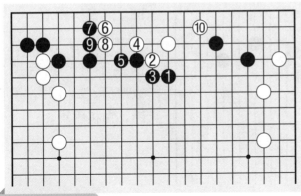

图 4　攻击失败

图 4　攻击失败

黑 1 镇不好，白 2 尖，以下至白 10，白棋可以轻松安定。

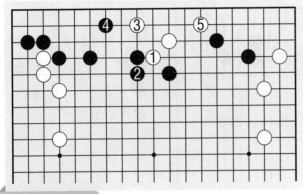

图 5　白棋安定

图 5　白棋安定

白 1 尖 时，黑 2 如果长，白 3 飞是要领，黑 4 补时，白 5 飞即可安定。

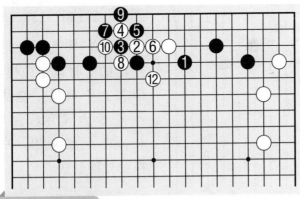

图 6　白棋轻松　⑪ = ④

图 6　白棋轻松

黑 1 封也不好，白 2 托，黑 3 扳时，白 4 反扳是手筋，以下进行至白 12 均是预想的次序，白棋可以轻松处理。

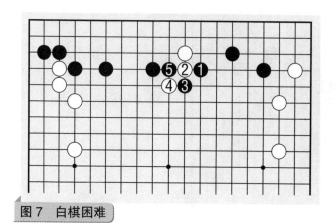

图 7　白棋困难

图 7　白棋困难

黑 1 封时，白 2 挺头不好，其后黑 3 扳严厉，白 4 时，黑 5 断，白棋困难。

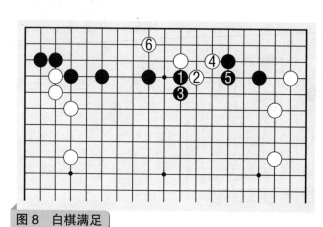

图 8　白棋满足

图 8　白棋满足

黑 1 压是想将中腹走厚，但白 2、4 先手利用后，白 6 飞，白棋可以轻松安定。

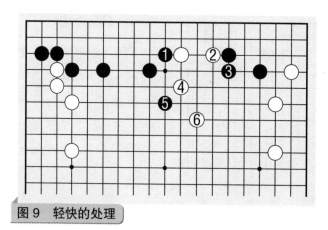

图 9　轻快的处理

图 9　轻快的处理

黑 1 尖顶，意在围地的同时攻击白棋，但被白 2 靠后，结果不能令人满意。黑 3 长，白 4、6 逃出，白棋的处理轻快。

基本图 11 ▶▶

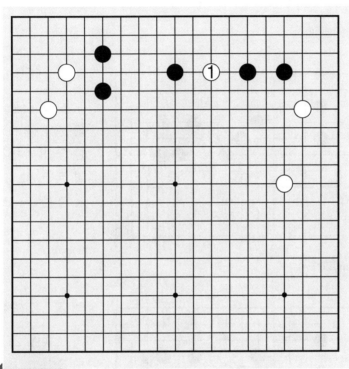

基本图 11

黑先。本图是让子棋中经常出现的棋形。白1打入时，黑棋应如何攻击？

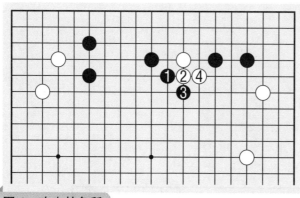

图1　攻击的急所

图1　攻击的急所

黑1尖是最强的攻法，白2时，黑3又是连贯的强手，白4被迫下成空三角的愚形。

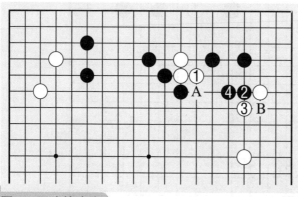

图2　正确的攻法

图2　正确的攻法

白1逃跑时，黑2靠是正确的攻击方法，白3如果扳，黑4长，其后黑棋可瞄着A位和B位。

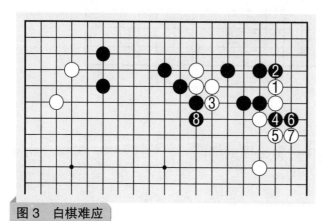

图3　白棋难应

图3　白棋难应

续图2，白1长后白3拐，黑4断，以下至白7，白棋虽吃住黑二子，但黑8长后，白棋难应。

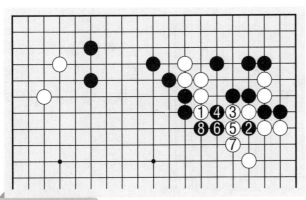

图 4　白棋困难

图 4　白棋困难

续图 3，白 1 贴，黑 2 断，以下至黑 6，黑棋可先手利用，待白 7 长时，黑 8 封，白棋大龙困难。

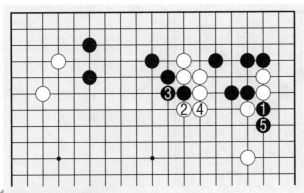

图 5　攻击的效果

图 5　攻击的效果

黑 1 断时，白 2、4 寻求变化是为了避免图 4 的进行，但黑 5 长后，黑棋获利颇丰。

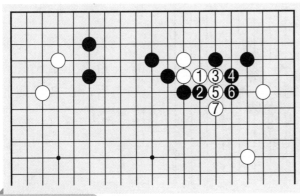

图 6　攻击失败

图 6　攻击失败

白 1 弯时，黑 2、4、6 攻击不好，其后白 7 长，白棋已摆脱危机。

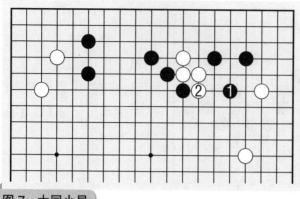

图7 大同小异

图7 大同小异

黑1飞，白2同样逃脱，黑棋缺少后续手段，结果与图6大同小异。

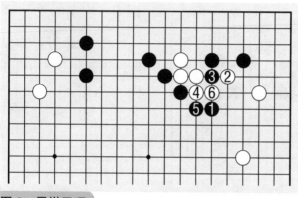

图8 黑棋无理

图8 黑棋无理

黑1封无理，白2刺是处理棋形的要领，黑3时，白4、6突破又是正确的次序。

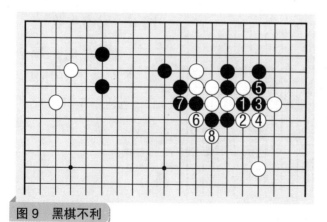

图9 黑棋不利

图9 黑棋不利

续图8，黑1如果断，白2、4、6利用先手后，白8可以征吃黑二子。

基本图 12 ▶▶

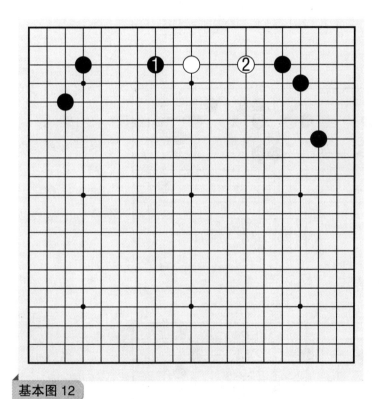

基本图 12

黑先。黑1逼攻，白2拆二。其后黑棋应如何利用白棋的弱点进行攻击？

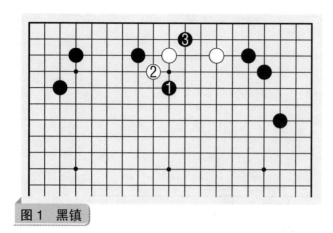

图1 黑镇

图1 黑镇

黑1镇是攻击的急所，白2时，黑3点是预定的次序，黑棋的意图是搜根并攻击白棋整体。

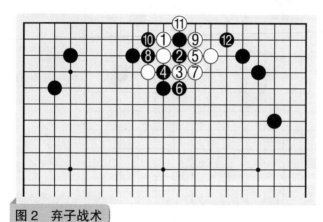

图2 弃子战术

图2 弃子战术

续图1，白1如果挡，黑2、4冲断正确，以下至黑12，黑棋采用弃子战术，白棋整体仍是浮棋。

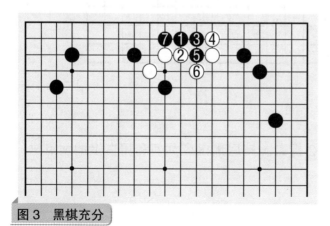

图3 黑棋充分

图3 黑棋充分

黑1点时，白2如果挡，黑3、5先手利用后，黑7渡过，黑棋充分。而白棋到处都是断点，收拾起来比较困难。

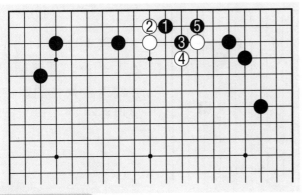

图 4　黑棋不满

图 4　黑棋不满

黑 1 直接点也可成立，白 2 时，黑 3、5 渡过是要领，但与图 3 相比，黑棋仍有不满之处。

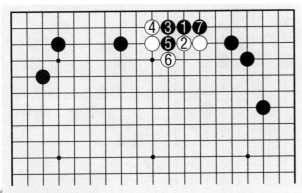

图 5　其他手段

图 5　其他手段

黑 1 点的下法也有可能，白 2 如果挡，以下至黑 7 是要领，结果与图 4 大同小异。

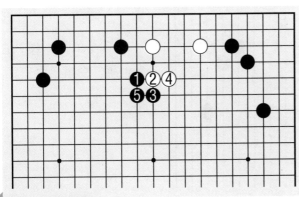

图 6　黑棋不满

图 6　黑棋不满

黑 1 飞扩张左上角，白 2、4 靠长后，白棋可以轻松安定，黑棋不满。

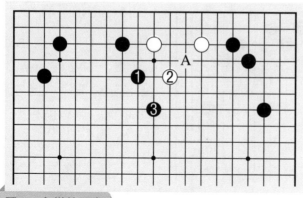

图7 白棋的弱点

黑1攻击时，白2飞不好，黑3再飞并瞄着白A位的弱点，黑棋充分。

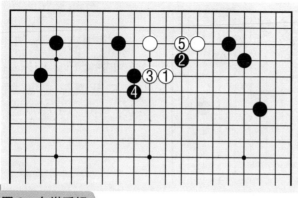

图8 白棋受损

白1时，黑2直接攻击白棋的弱点也可成立，白3顶与黑4长的交换，是白棋受损。

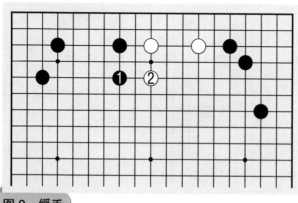

图9 缓手

黑1单跳太缓，白2也跳，白棋已经安定。

基本图 13 ▶▶

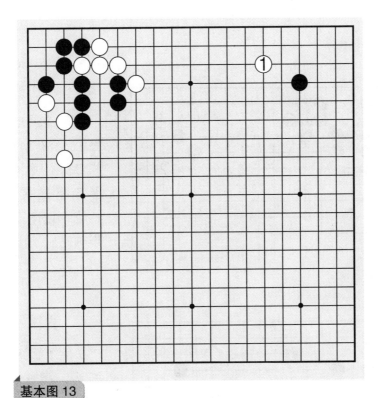

基本图 13

　　黑先。白 1 挂角，由于左上角白棋整体较弱，白 1 挂多少有点无理的味道。请问黑棋应如何通过攻击白棋弱点而确立优势？

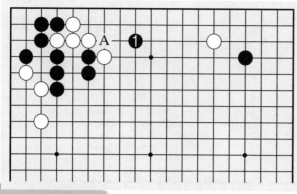

图1 攻击的急所

图1 攻击的急所

黑1逼是攻击白棋弱点的急所，以后黑棋有在A位断的手段。

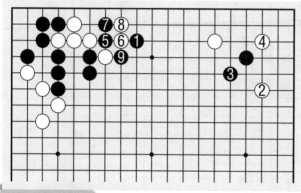

图2 白棋被吃

图2 白棋被吃

黑1逼攻时，白2在右上双飞燕挂不好，黑3尖，白4点角时，黑5断是要领，白6打吃，以下至黑9，白棋被吃。

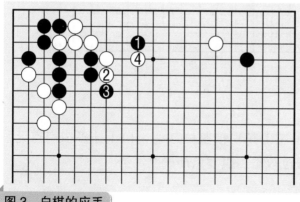

图3 白棋的应手

图3 白棋的应手

黑1逼攻时，白2挺头，黑3扳时，白4靠压，后续变化见图4。

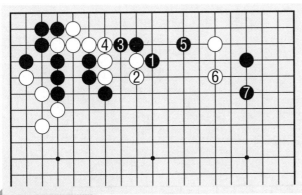

图 4 黑棋成功

图 4 黑棋成功

续图 3，黑 1 扳，黑 3、5 争取安定，白 6 跳时，黑 7 补棋，黑棋成功。

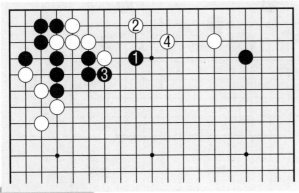

图 5 白棋安定

图 5 白棋安定

黑 1 虽也是常用的攻击手段，但在本题中不适合，白 2 大飞，黑 3 拐时，白 4 飞，白棋可以取得安定。

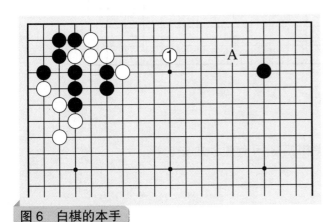

图 6 白棋的本手

图 6 白棋的本手

白 A 挂下成本图中的白 1 拆才是本手，如此左上白棋不再受攻。

基本图 14 ▶▶

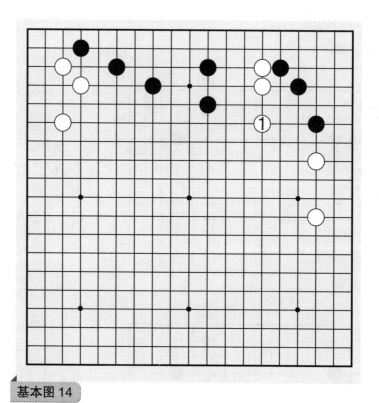

基本图 14

黑先。白 1 跳出时，黑棋应如何有效地攻击白棋?

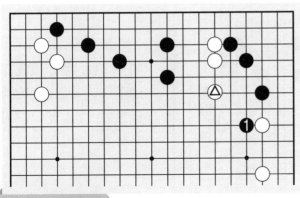

図 1　正確的下法

图 1　正确的下法

白△时，黑 1 压是正确的攻击方法。

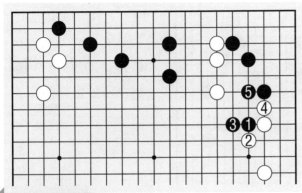

图 2　白棋不满

图 2　白棋不满

黑 1 压，白 2 扳、4 顶虽可整形，但上边白大龙变弱，白棋不满。

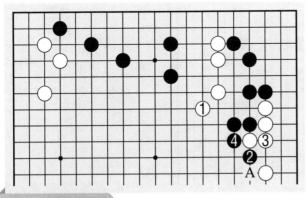

图 3　连贯的好手

图 3　连贯的好手

续图 2，白 1 出头，黑 2 夹最大限度地攻击白棋的弱点，黑 4 以后，黑 A 长是先手，白棋上边大龙是孤棋，将陷入苦战。

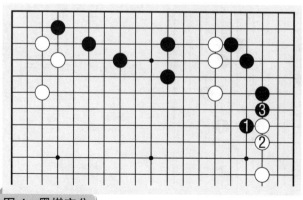

图4　黑棋充分

图4　黑棋充分

黑1压时，白2如果退，黑3顶是正确下法，其后白棋还须安定上边大龙，黑棋充分。

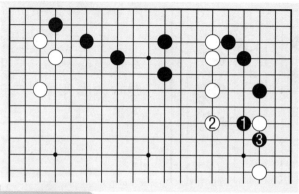

图5　黑棋满足

黑1压时，白2单跳，此时黑3扳压制白一子是好棋。

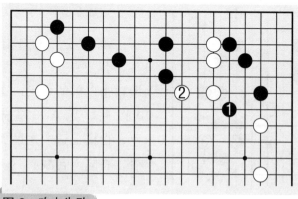

图6　攻击失败

图6　攻击失败

黑1飞，意图是不让白棋联络，但白2单跳整形后，黑棋攻击失败。

基本图 15 ▶▶

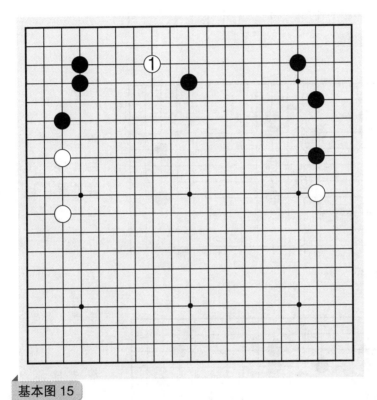

基本图 15

黑先。白 1 打入时，黑棋应通过攻击而有所收获，请问黑棋如何攻击才最佳？

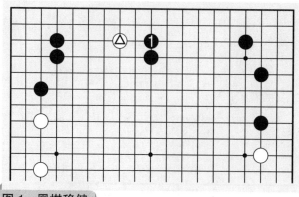

图1 黑棋稳健

图1 黑棋稳健

白△打入时，黑1稳健地立是急所，黑棋围地并搜根是正确的。

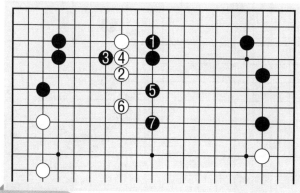

图2 黑好

图2 黑好

黑1立，白2跳出，黑3刺是要领，白4接，黑5、7攻击并扩展右上，黑好。

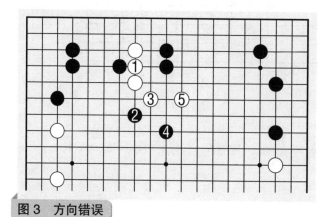

图3 方向错误

图3 方向错误

白1接时，黑棋不选择图2的攻法，而用黑2镇则方向错误，白3、5逃出，右上黑地有可能被破。

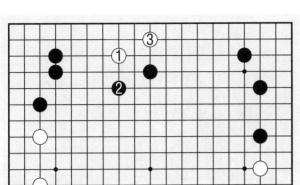

图 4　攻击错误

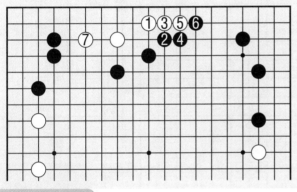

图 5　白棋安定

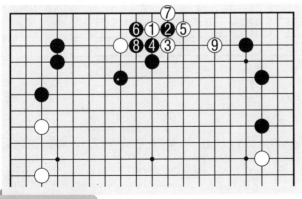

图 6　白棋满足

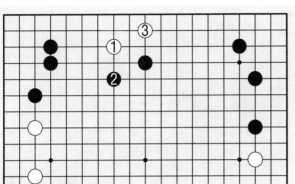

图 4　攻击错误

白 1 时，黑 2 镇不好，白 3 飞，不仅可以轻松安定，而且还可以破黑地。

图 5　白棋安定

续图 4，白 1 时，黑 2 尖，白 3、5 先手，白 7 拆一是正确的次序，白棋安定，黑棋失败。

图 6　白棋满足

白 1 飞时，黑 2 靠，此时白 3 扳，黑 4 断，白 5、7 提去黑一子，至白 9，双方形成转换，结果白棋有利。

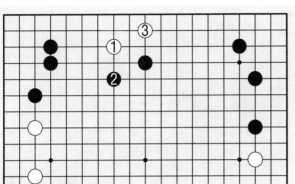

基本图 16 ▶▶

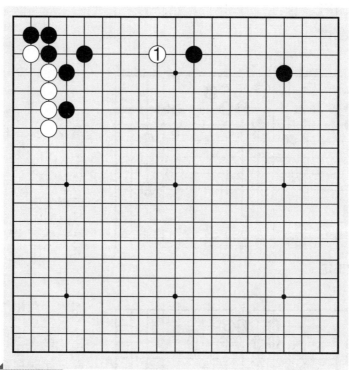

基本图 16

黑先。白1打入时，黑棋应通过攻击来掌握主动，请问黑棋如何攻击才最佳？

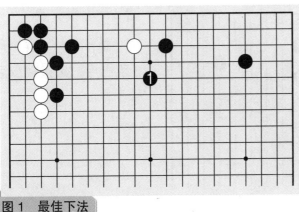

图 1　最佳下法

图 1　最佳下法

黑 1 飞攻最佳，黑棋的目的是通过攻击而扩张自己的地盘。

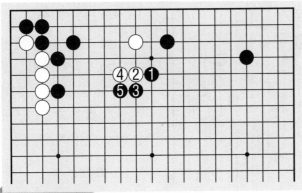

图 2　白棋困难

图 2　白棋困难

黑 1 攻击，白 2 靠时，黑 3 扳很好，其后白 4 如果长，黑 5 贴住，结果白棋困难。

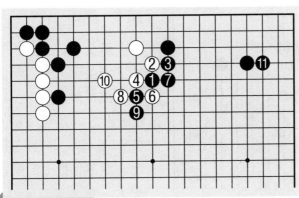

图 3　黑棋充分

图 3　黑棋充分

黑 1 时，白 2 尖、4 虎，白棋可以出头，但至黑 9 走强，白棋不满。其后黑 11 补角，黑棋充分。

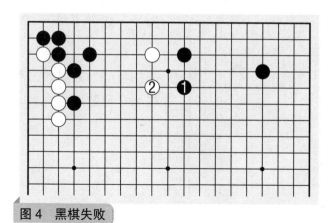

图 4　黑棋失败

图 4　黑棋失败

黑 1 单跳不好，白 2 跳出后，黑棋缺少后续手段。

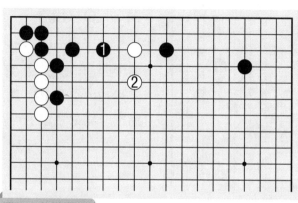

图 5　白棋满足

图 5　白棋满足

黑 1 拆一，黑棋在实地上虽有收获，但攻击有误。白 2 跳出后，黑棋的攻击以失败告终。白棋满足。

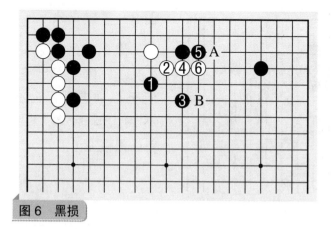

图 6　黑损

图 6　黑损

黑 1 镇攻击白棋的下法虽可考虑，但多少有点危险。白 2、4、6 压出后，还可瞄着 A 位和 B 位，与图 3 相比，双方目数上的差别很大。

基本图 17 ▶▶

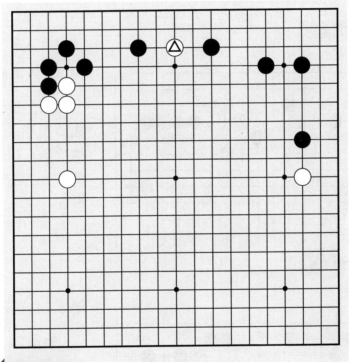

基本图 17

黑先。黑棋如何攻击上边的白△一子是其面临的问题。由于周边黑棋比较强大，因此黑棋可以通过强攻将白棋逼入困境。请问黑棋最佳下法是什么？

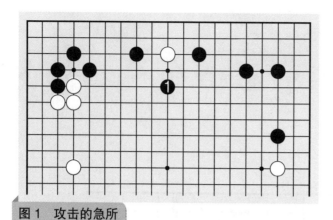

图1 攻击的急所

图1　攻击的急所

由于周边黑棋强大，因此黑1镇攻击白棋，而白棋处理起来比较困难。

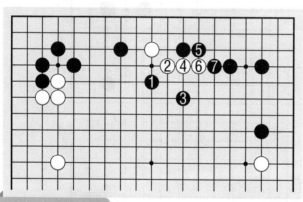

图2 连贯的手段

图2　连贯的手段

黑1镇时，白2逃跑，黑3飞是连贯的攻法，以下至黑7，黑棋在占地的同时威胁白棋。

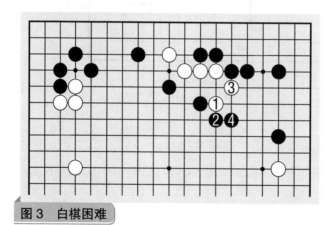

图3 白棋困难

图3　白棋困难

续图2，白1靠谋求出头，则黑2扳、4长，白棋无法逃脱。

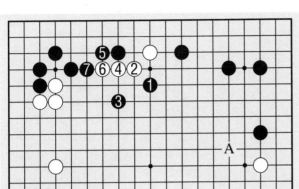

图4 黑棋充分

图4 黑棋充分

黑1时，如果白2逃跑，黑3飞同样是要领，以下至黑7，黑棋充分。其后黑棋还有A位飞扩张的手段。

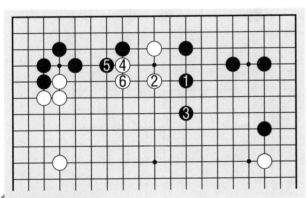

图5 黑棋失败

图5 黑棋失败

黑1跳错误，白2跳，以下至白6，白棋不再受攻。

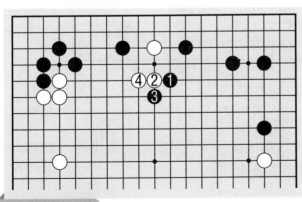

图6 白棋逃脱

图6 白棋逃脱

黑1飞，白2、4逃脱，黑棋攻击失败。

基本图 18 ▶▶

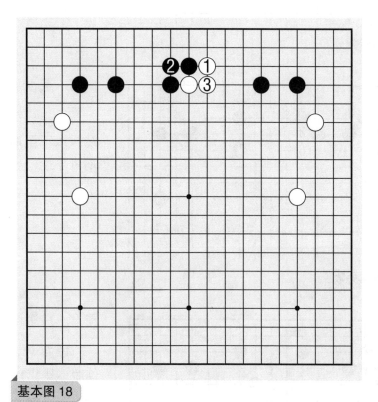

基本图 18

　　黑先。白1扳，黑2接，白3接，其后黑棋应通过攻击而掌握局面的主动权。请问黑棋如何攻击才最佳？

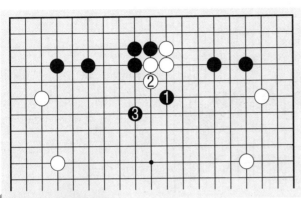

图1 攻击的急所

图1 攻击的急所

黑1镇是攻击的急所，其后白2试图出头，黑3飞则是连贯的攻法。

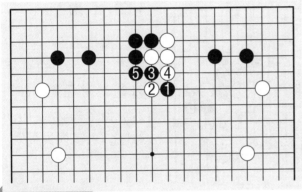

图2 白棋困难

图2 白棋困难

黑1时，白2靠试图出头，黑3断是强手，至黑5接，白棋困难。

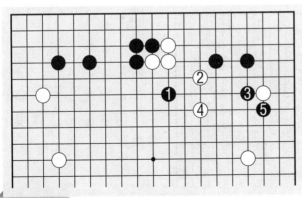

图3 黑好

图3 黑好

黑1镇，白2飞出时，黑3靠是正确下法，以下白4、黑5，黑好。

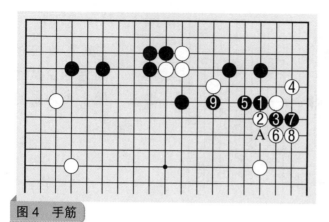

图 4　手筋

图 4　手筋

黑 1 靠时，白 2
若扳，黑 3 断是锐利
的手筋，白 4 尖，以
下进行至黑 9，白棋困
难，而且白棋还有 A
位的弱点。

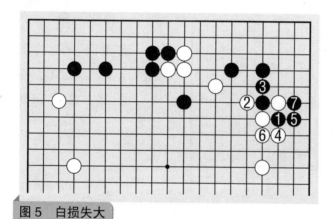

图 5　白损失大

图 5　白损失大

黑 1 断时，白 2、
4 打吃以后，白 6 接，
目的是避免图 4 的进
行。但至黑 7，白一子
被吃，白棋损失很大。

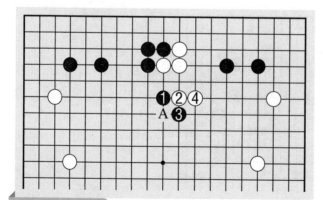

图 6　攻击失败

图 6　攻击失败

黑 1 不好，白 2
靠后，白 4 长，白棋
可以轻松出头，而且
以后 A 位还是黑棋的
弱点。

基本图 19 ▶▶

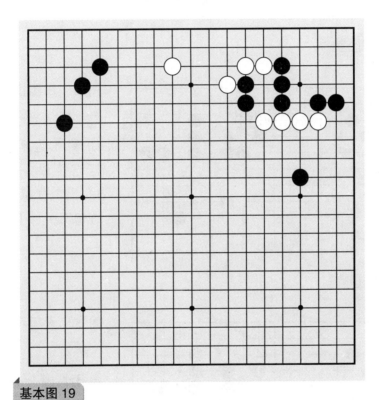

基本图 19

黑先。黑棋如何攻击右边白四子是其面临的重大课题。黑棋在攻击白棋以前，应该做些准备。请问准备工作应如何做？

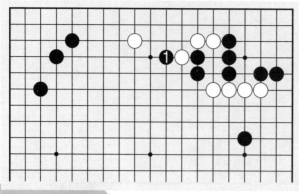

图1 黑棋的意图

图1　黑棋的意图

黑1夹问白棋的应手，黑棋的意图是先手整理外围，再攻击右边白四子。

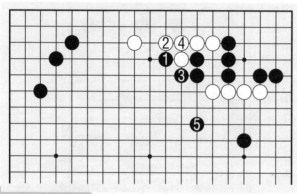

图2 白棋困难

图2　白棋困难

黑1夹时，白2如果普通地应，黑3打吃是很好的先手利用，然后黑5封，右边白四子已不好处理。

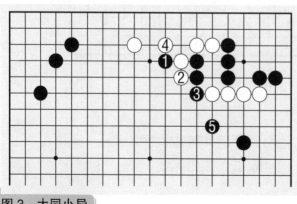

图3 大同小异

图3　大同小异

黑1时，白2冲，黑3长是好棋，其后白4补，黑5飞封，结果与图2大同小异。

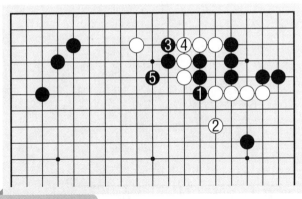

图 4 黑棋成功

图 4 黑棋成功

黑 1 时，若白 2 跳出头，黑 3 下立严厉，白 4 接，黑 5 尖，黑棋的攻击取得了成功。

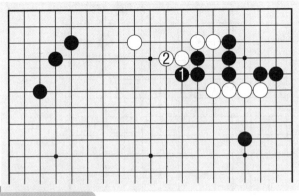

图 5 黑棋不满

图 5 黑棋不满

黑 1 拐，被白 2 补棋，黑棋不满。其后黑棋很难封锁白四子。

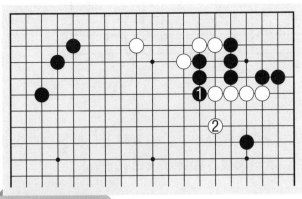

图 6 帮对方走棋

图 6 帮对方走棋

黑 1 直接攻击白棋时，白 2 跳出，结果黑棋是在帮对方走棋，以后黑棋并无后续手段。

基本图 20 ▶▶

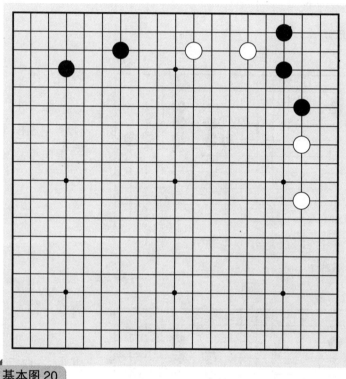

基本图 20

　　黑先。白棋在上边的拆二看起来已经安定，但实际上只要黑棋攻击正确，可获取出乎意外的收益。请问黑棋应如何攻击白二子？

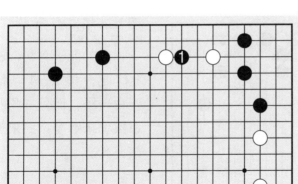

图1 攻击对方弱点

图1 攻击对方弱点

黑1靠攻击白棋的弱点，其后白棋不论在哪侧扳都不大好。

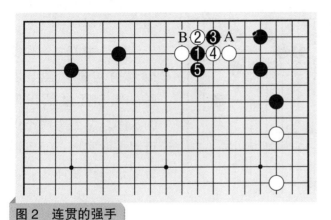

图2 连贯的强手

图2 连贯的强手

黑1靠时，白2扳是最普遍的下法，此时黑3反扳是连贯的强手，白4打后，黑棋可瞄着A位和B位。

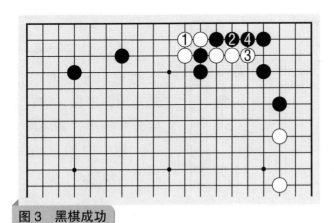

图3 黑棋成功

图3 黑棋成功

续图2，白1如果接，黑2可以渡过，以下白3、黑4交换，白棋被一分为二，黑棋成功。

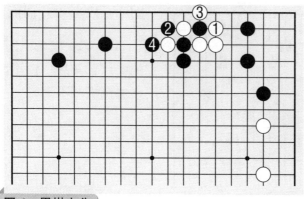

图4　黑棋充分

图4　黑棋充分

黑如征子有利，白1打吃，黑2、4可征吃白一子，而且右侧的白棋仍未活净，结果黑棋充分。

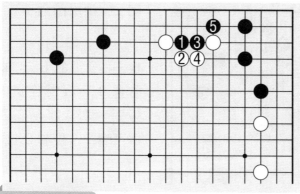

图5　黑棋联络

图5　黑棋联络

黑1靠时，白2扳也有可能，黑3顶后，黑5渡过是正确的次序，结果黑棋不仅可以捞取实地，而且还可攻击白棋整体。

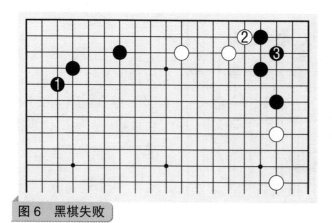

图6　黑棋失败

图6　黑棋失败

黑棋不立即攻击上边白二子，而是在其他地方下棋，被白2尖先手利用，其后黑3补，图1中的攻击手段不复存在。

基本图 21 ▶

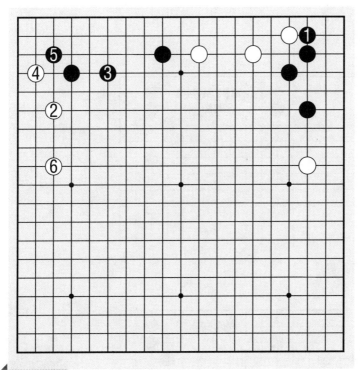

基本图 21

黑先。黑 1 挡，白 2 挂，以下至白 6，白棋在左边已具活形。黑 1 挡这手棋不仅在目数上很大，而且还可伺机攻击上边白棋。请问黑棋应如何攻击？

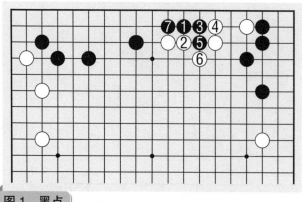

图1 黑点

图1 黑点

黑1点破对方的根地，白2如果挡，黑3、5先手利用后，黑7渡过，黑棋可以攻击整块白棋。

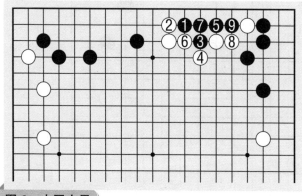

图2 大同小异

图2 大同小异

黑1点时，如果白2挡，黑3尖、5虎，以下至黑9，结果与图1大同小异。

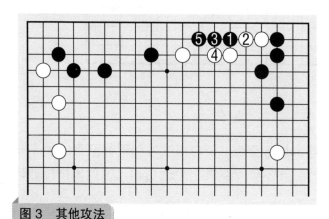

图3 其他攻法

图3 其他攻法

黑1托也可考虑，白2如果顶，黑3、5连长，结果与图2大同小异。

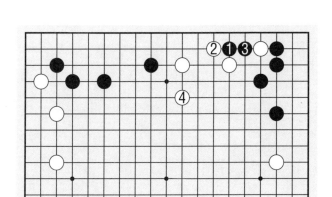

图4 黑棋略不满

图4 黑棋略不满

黑1托时，白2扳、4单跳，白棋可以轻松整形，因此结果黑略有不满。

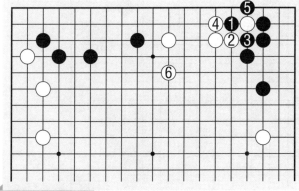

图5 白棋满足

图5 白棋满足

黑1夹吃白一子只不过是官子下法，白2、4先手利用后，白6单跳，白棋满足。

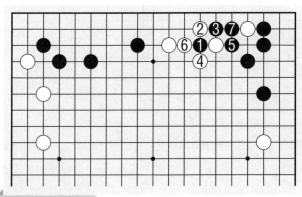

图6 攻击失败

图6 攻击失败

黑1靠的下法在实战中也经常出现，但白2扳，以下至白6，白棋可先手确立厚势，黑棋攻击失败。

基本图 22 ▶▶

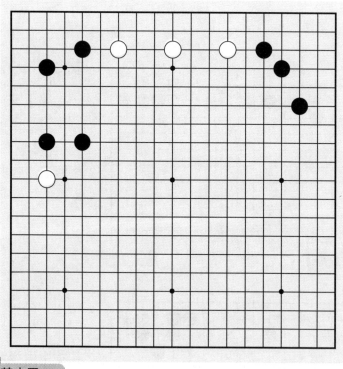

基本图 22

　　黑先。上边的白三子均是拆二的棋形，看起来已不受攻，但实际上黑棋可以通过攻击白棋的弱点而有所收获。请问黑棋攻击的方法是什么？

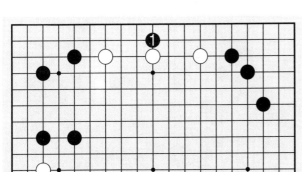

图 1　攻击的要点

图 1　攻击的要点

黑 1 托是攻击的要点，类似这样的托只有周边黑棋强大时才可选择。

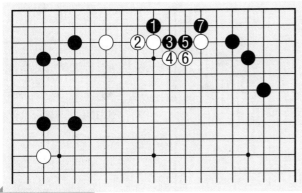

图 2　黑棋成功

图 2　黑棋成功

黑 1 托时，白 2 如果长，黑 3 扳是次序，白 4 扳，以下至黑 7，黑棋安全联络，并可攻击整块白棋。

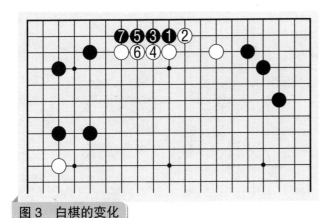

图 3　白棋的变化

图 3　白棋的变化

黑 1 托时，白 2 如果扳，黑 3 长是急所，其后白 4 压，以下至黑 7，结果与图 2 大同小异。

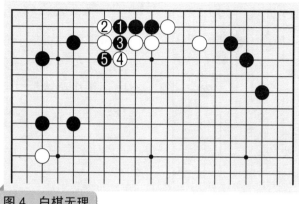

图4　白棋无理

图4　白棋无理

图4　白棋无理

黑1长时，白棋为避免图3的进行，而白2挡则无理。黑3、5冲断后，黑棋在对杀中快一气。

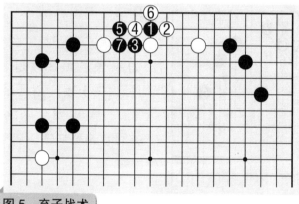

图5　弃子战术

图5　弃子战术

黑1、白2时，黑3扳的下法也可考虑，白4打吃，以下至黑7，黑棋利用弃子战术切断白一子。不过这一下法也可使白棋走强。

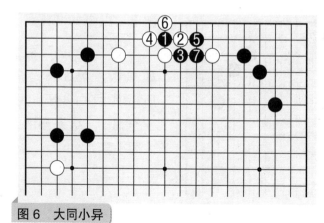

图6　大同小异

图6　大同小异

黑1、白2时，黑3断也可考虑，其后白4打吃，黑5、7切断右侧白一子，结果与图5大同小异。

基本图 23 ▶▶

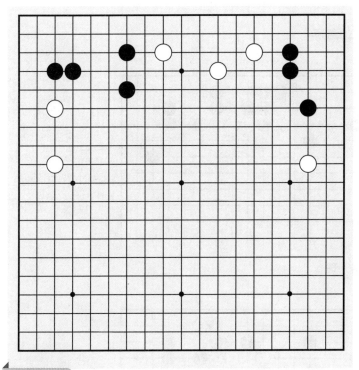

基本图 23

黑先。黑棋如何攻击上边白三子是其面临的问题。首先破白棋根地是其正确的选择。请问攻击的方法是什么？

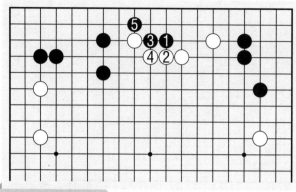

图1 打入的急所

图1 打入的急所

黑1打入，破白棋的根地，白2如果挡，黑3顶后，黑5扳，黑棋可以联络。

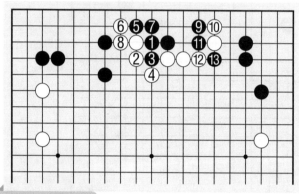

图2 白棋无理

图2 白棋无理

黑1顶时，白2挺头无理，黑3冲，黑5、7扳接是次序，以下进行至黑13，白右侧二子被吃。

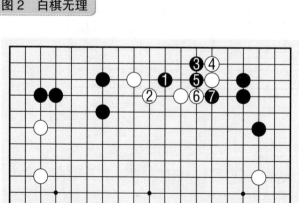

图3 大同小异

图3 大同小异

黑1时，白2尖无理，其后黑3飞，白4挡，黑5、7冲断是好次序，结果与图2大同小异。

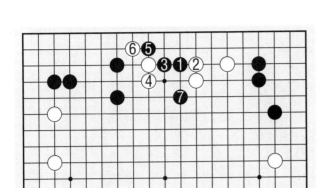

图 4 常用的次序

图 4　常用的次序

黑 1 打入时，白 2 挡的变化也可以考虑，但黑 3 顶、5 扳是常用的次序，其后白 6 挡，黑 7 跳也是常法。

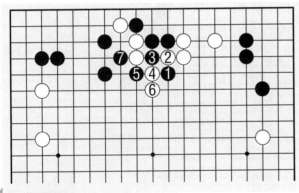

图 5　白死

图 5　白死

续图 4，白 2、4 切断不能成立，黑 3、5 冲断，至黑 7 打吃，黑棋可以吃住白左侧三子。

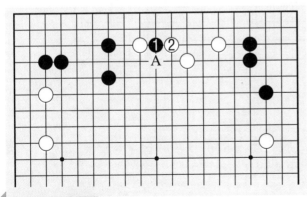

图 6　黑棋失算

图 6　黑棋失算

黑 1 靠虽也是实战中经常使用的手段，但白 2 夹后，黑棋收效不大。如果白 2 下在 A 位扳，黑棋在 2 位长，白棋不利。

基本图 24 ▶▶

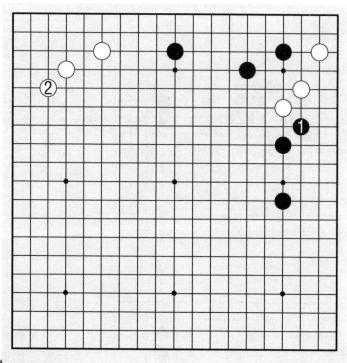

基本图 24

　　黑先。黑 1 尖时，白 2 脱先于左上角守角。白 2 应在右上角补才是本手。请问黑棋如何攻击右上白棋？

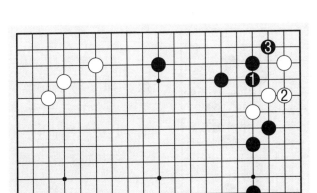

图1　攻击的急所

图1　攻击的急所

黑1是攻击的急所，白2如果补棋，黑3尖可攻击白棋整体。

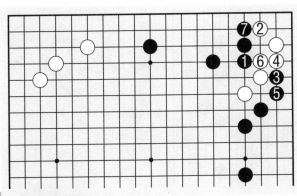

图2　黑棋满足

图2　黑棋满足

黑1时，白2如果尖，黑3托是急所，白4顶，黑5退，以下至黑7，黑棋有利。

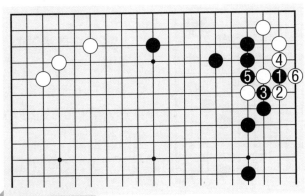

图3　黑棋充分

图3　黑棋充分

黑1托时，白2扳，白4打吃黑一子，黑5可先手断白一子，黑棋充分。

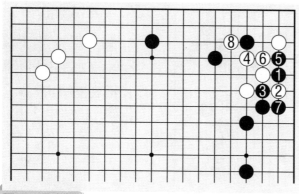

图4 黑大损

图4 黑大损

黑1直接托，白2扳，黑3时，白4寻求变化，其后黑5顶、黑7打吃，至白8，白棋夺得角地，黑大损。

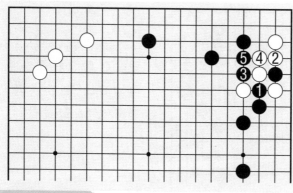

图5 黑收获大

图5 黑收获大

黑1断时，白2立即打吃不好，黑3反打后，黑5接，黑棋的收获很大。

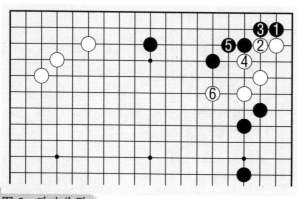

图6 攻击失败

图6 攻击失败

黑1靠是错误的攻击方法，其后白2顶，以下至白6，白棋得以整形，黑棋的攻击以失败告终。

基本图 25 ▶

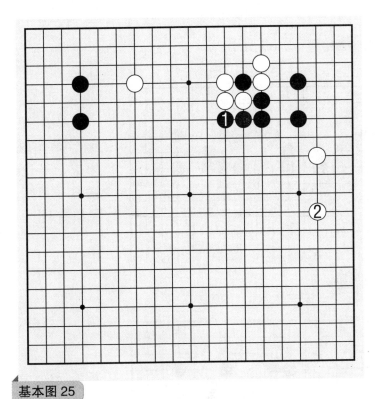

基本图 25

黑先。黑 1 挡，白 2 脱先拆边，实际上白 2 应在上边补才是本手。请问黑棋应如何攻击上边白棋？

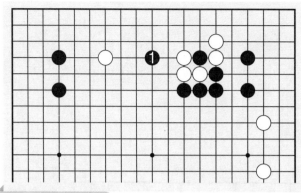

图1　攻击的急所

图1　攻击的急所

黑1是攻击的急所，白棋不好应。

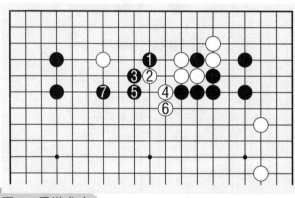

图2　黑棋成功

图2　黑棋成功

黑1攻击，白2压，黑3扳，白4如果虎，黑5长是好棋，白6长时，黑7封，黑棋有利。

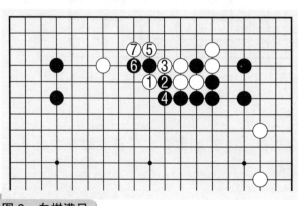

图3　白棋满足

图3　白棋满足

白1靠时，黑2断操之过急，白3打吃，以下至白7，白棋捞取实地并可联络，白棋满足。

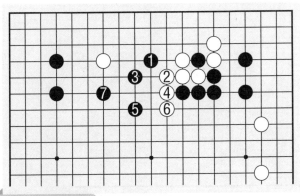

图 4 黑棋充分

图 4 黑棋充分

黑 1 时，白 2 如果愚形长出，黑 3 尖是好棋，以下至黑 7，黑棋非常满足。

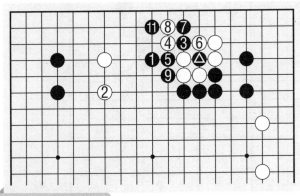

图 5 连贯的好手 ⑩ = ▲

图 5 连贯的好手

黑 1 时，白 2 若跳出，黑 3 扳是急所，以下至黑 11，黑棋采用弃子战术封锁白棋并形成强大的外势，黑棋非常有利。

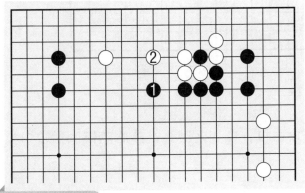

图 6 黑棋失败

图 6 黑棋失败

黑 1 单跳，被白 2 补棋后，结果黑棋一无所获。黑 1 是大恶手。

基本图 26 ▶▶

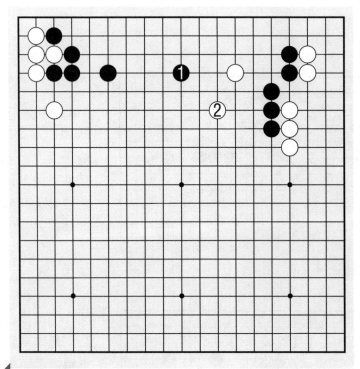

　　黑先。黑 1 拆边兼夹攻白棋，白 2 飞出头，其后黑棋欲猛攻白棋，请问黑棋应如何进攻？

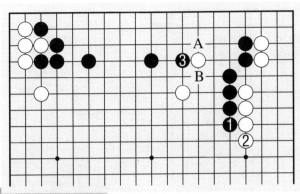

图1 攻击的要领

图1 攻击的要领

黑1压，白2长，黑3靠是攻击白棋的要领，以后白A如果下立，黑B可以强断。

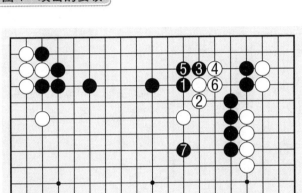

图2 正确的次序

图2 正确的次序

黑1靠，白2长，此时黑3、5扳接是正确的次序，其后白6如果接，黑7镇，结果黑好。

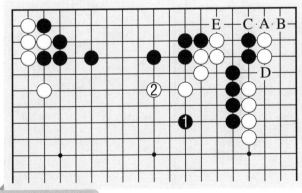

图3 后续手段

图3 后续手段

黑1镇，白2逃跑，以后黑A扳，至黑E渡过，黑棋可以尽情攻击白棋。

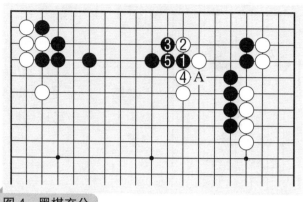

图4　黑棋充分

图4　黑棋充分

黑1靠时，白2扳，目的是避免图3的进行。至黑5，结果仍是黑棋有利。其中黑3下在A位扳也有可能。

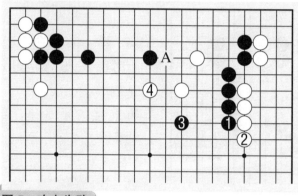

图5　攻击失败

图5　攻击失败

黑1、白2后，黑3立即镇不好，白4单跳出头后，白棋可A位靠进行处理，黑棋攻击失败。

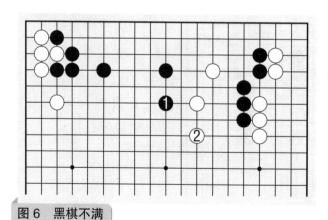

图6　黑棋不满

图6　黑棋不满

黑1跳，白2同样跳，黑棋不好，黑棋缺少后续手段。

基本图 27 ▶

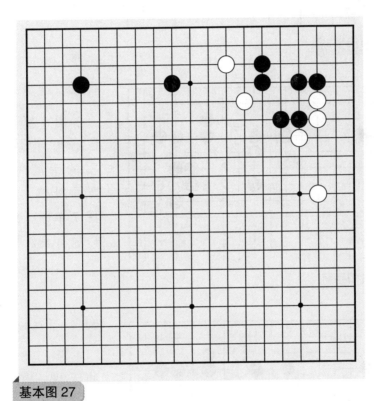

基本图 27

黑先。本图是让子棋中经常出现的棋形。黑棋如何攻击上边白二子？

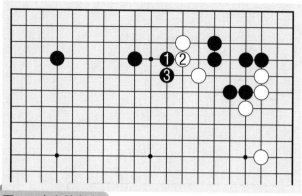

图1 攻击的急所

图1　攻击的急所

黑1是攻击的急所，白2如果接，黑3挺头即可。

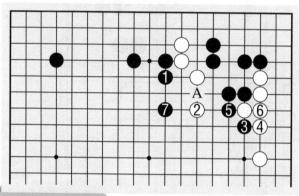

图2 连贯的手筋

图2　连贯的手筋

黑1挺头时，白2出头，黑3夹是连贯的手筋，其后白4如果补棋，黑5打后，黑7单跳，结果黑好。以后有黑A挖的手段。

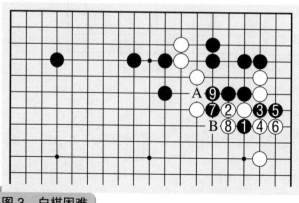

图3 白棋困难

图3　白棋困难

黑1夹时，白2冲无理，黑3断，以下至黑9，黑棋可瞄着A位和B位，白棋困难。

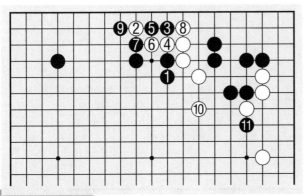

图 4 黑棋满足

图 4 黑棋满足

黑 1 挺头时，白 2 大飞更加不好，此时黑 3 是绝妙的手筋，以下至黑 9，黑棋可以吃住白一子，其后白 10 时，黑 11 仍可夹。

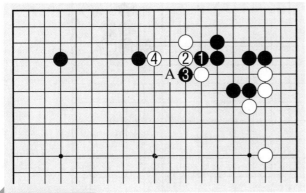

图 5 黑棋失败

图 5 黑棋失败

黑 1、3 冲断是初学者常见的下法，其后白 4 靠是腾挪的要领，黑棋不利。其中白 4 如果下在 A 位打吃是恶手。

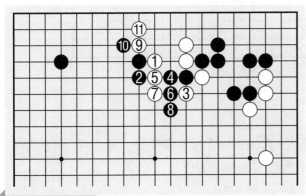

图 6 白棋充分

图 6 白棋充分

续图 5，白 1 靠，黑 2 长，白 3 打后白 5、7 冲是正确的次序，以下进行至白 11，白棋充分。

基本图 28 ▶▶

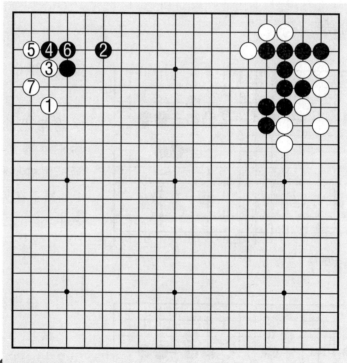

基本图 28

　　黑先。白 1 挂，以下至白 7，白棋可以获取安定。现在右上角的白三子是黑棋的攻击目标，请问黑棋应如何攻击？

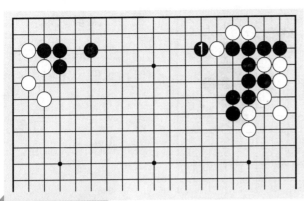

图 1 攻击的急所

图 1 攻击的急所

黑 1 夹是攻击白棋弱点的急所。

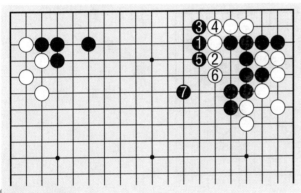

图 2 白死

图 2 白死

黑 1 夹时，白 2 挺头，黑 3 先手利用很舒服，白 4 接时，黑 5、7 攻击，白棋整体死掉。

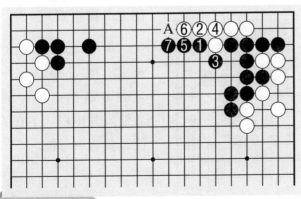

图 3 黑棋充分

图 3 黑棋充分

黑 1 时，白 2 虎，黑 3 打吃后，黑 5 长，黑棋充分。其后黑 7 长或下在 A 位强扳也有可能。

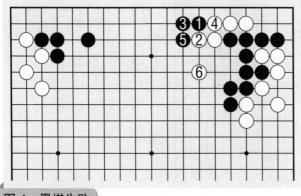

图4　黑棋失败

图4　黑棋失败

黑1点看似急所，但在本题中不好。白2压，黑3时，白4再接，黑5时，白6单跳，白棋成功出逃。

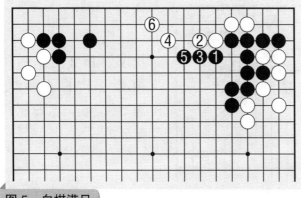

图5　白棋满足

图5　白棋满足

黑1扳是最差的攻法，白2长，以下至白6安定，白棋满足。

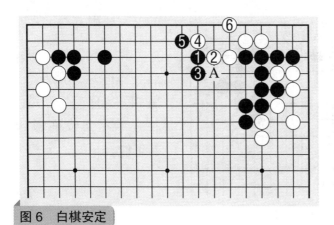

图6　白棋安定

图6　白棋安定

黑1逼攻也是错误的，白2顶，以下至白6是很好的处理方法。其中白2下在A位出头也有可能。

基本图 29 ▶▶

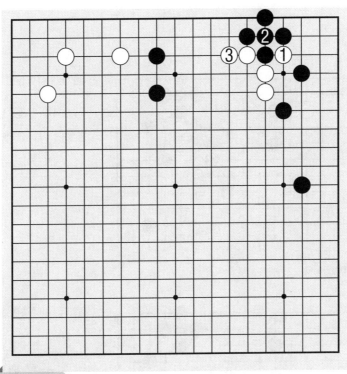

基本图 29

黑先。白1打吃后，白3长补弱点。黑棋应如何攻击白棋？现在白棋形的急所在哪里？

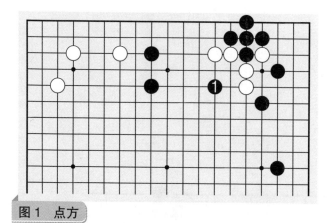

图1 点方

图1 点方

黑1点方是攻击的急所，白棋因此会在以后行棋时受到很多限制。

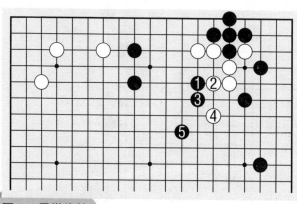

图2 黑棋优势

图2 黑棋优势

黑1攻击时，白2顶，黑3长后，黑5飞，黑棋优势。

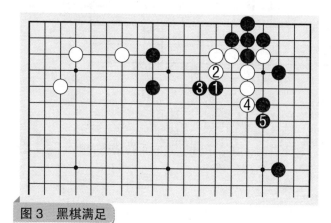

图3 黑棋满足

图3 黑棋满足

黑1时，白2顶，黑3长是要领，其后白4如果压，黑5则长，黑棋满足。

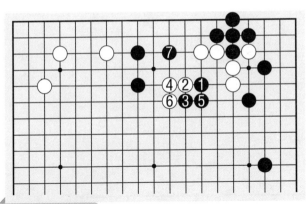

图 4　白棋困难

图 4　白棋困难

黑 1 时，白 2 靠有时是有效地防备断点的下法，但以下至黑 7，白棋仍困难。

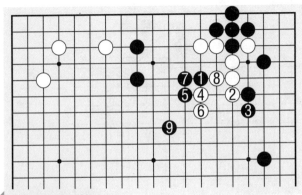

图 5　黑棋主动

图 5　黑棋主动

黑 1 时，白 2 压、4 靠也可以考虑，黑 5 扳，以下至黑 9，黑棋可以通过攻击掌握主动。

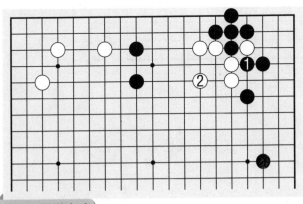

图 6　黑棋失败

图 6　黑棋失败

黑 1 吃白一子是缺少谋略的下法，白 2 整形是好棋，黑棋的攻击只能以失败告终。

基本图 30 ▶▶

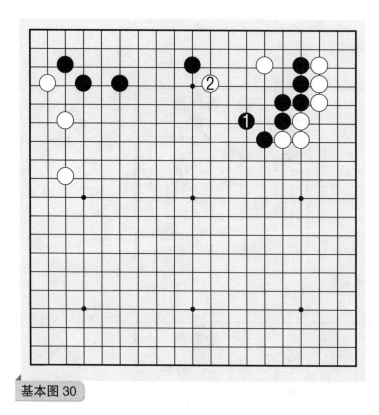

基本图 30

黑先。黑1虎，白2肩冲谋求出头。请问接下来黑棋应如何攻击白棋？

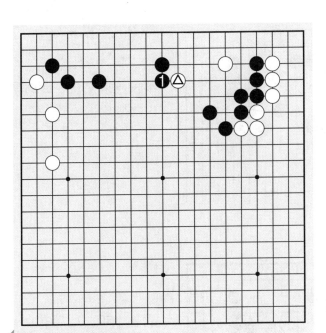

图1 攻击的急所

图1 攻击的急所

白△时，黑1只有长，黑棋可以依据白棋的应手再决定后续的攻击手段。

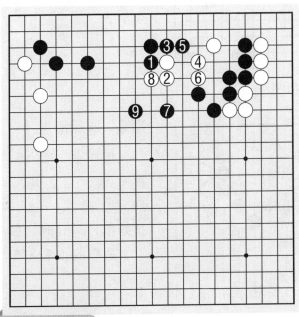

图2 白棋苦战

图2 白棋苦战

黑1长，白2也长，其后黑3拐头是好棋，白4尖时，黑5先手与白6交换后，黑7飞镇，白8拐，黑9跳，白陷入苦战。

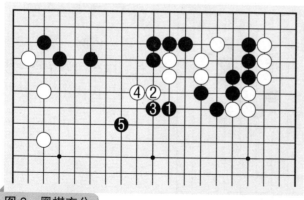

图3　黑棋充分

图3　黑棋充分

黑1时，白2尖、4长寻求变化，此时黑5飞是攻击的要点。

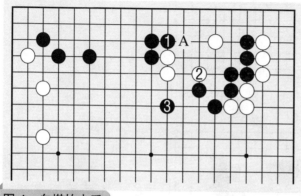

图4　白棋的本手

图4　白棋的本手

黑1拐时，白2靠是本手，以后有白A扳求安定的手段，但黑3飞后，结果仍是黑好。

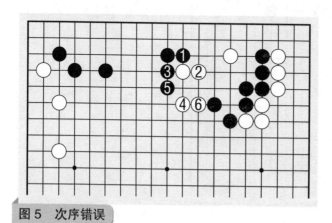

图5　次序错误

图5　次序错误

黑1长，黑棋次序错误，白2退。其后黑3再拐，白4跳是好棋，黑5时，白6双，黑棋的攻击失败。

基本图 31 ▶

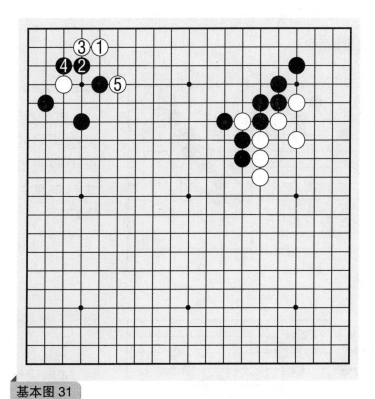

基本图 31

黑先。白1低空飞行打入，黑2、4交换后，白5靠无理。那么请问黑棋攻击白三子的急所在哪里？

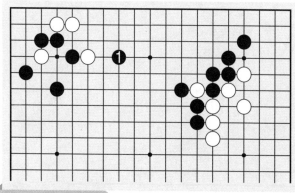

图1 攻击的急所

图1 攻击的急所

黑1逼是攻击的急所，由于右边黑外势强大，因而以后白棋不好处理。

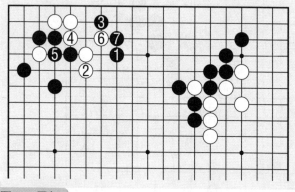

图2 黑好

图2 黑好

黑1时，白2如果挺头，黑3飞破白棋的根地是绝好点，其后至黑7挡，结果黑好。

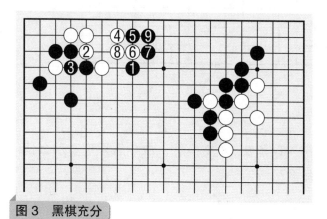

图3 黑棋充分

图3 黑棋充分

黑1攻击时，白2挤、4跳保根地，但以下至黑9，黑棋在围地的同时攻击白棋，黑棋充分。

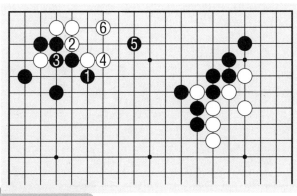

图4 黑棋不好

图4 黑棋不好

黑1扳虽是常识性的手段，但让白下2、4后，黑棋不好。黑5时，白6补，白棋可以妥善处理。

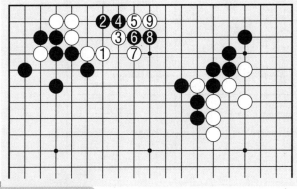

图5 黑棋困难

图5 黑棋困难

白1长时，黑2若点，白3尖是正确的反击手段，黑4时，白5扳，以下至白9，黑棋困难。

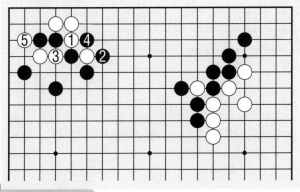

图6 白棋充分

图6 白棋充分

白1时，黑如不按图4的着法而改为本图黑2打吃，则白3反打，以下至白5，白棋占取了角地。

基本图 32 ▶▶

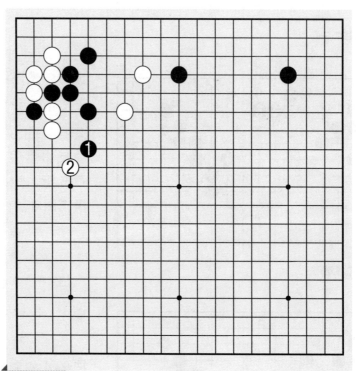

基本图 32

黑先。黑 1 单跳，白 2 飞补，黑棋准备攻击上边的白二子。请问黑棋如何下最佳？

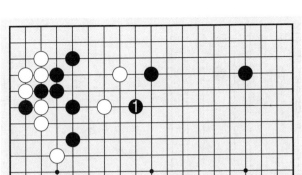

图1 攻击的急所

图1 攻击的急所

黑1飞是攻击白棋弱点的急所，黑棋可以通过攻击有所收获。

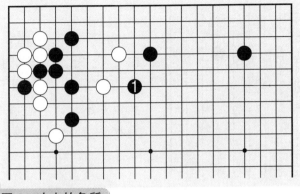

图2 白棋困难

图2 白棋困难

黑1时，白2单跳是不负责任的下法，此时黑3跨是好棋，以下至黑7，黑棋可上下分断白棋。

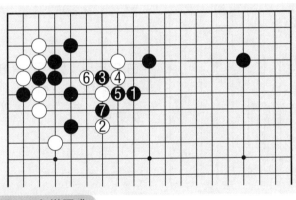

图3 黑好

图3 黑好

黑1飞，白2顶补断点，但被黑3长后，白损。其后白4跳，黑5压，以下至黑9，结果黑好。

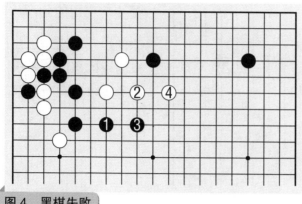

图4 黑棋失败

图4 黑棋失败

黑1镇方向错误，白2跳补，黑3时，白4再跳出，白棋已大致安定，以后黑棋很难在上边成空。

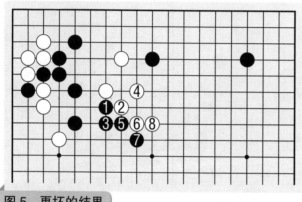

图5 更坏的结果

图5 更坏的结果

黑1同样错误，白2扳，以下至白8，白棋更强大，黑棋比图4更坏。

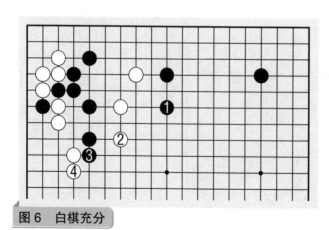

图6 白棋充分

图6 白棋充分

黑1单跳过于软弱，白2跳，即可简单出头。

基本图 33 ▶

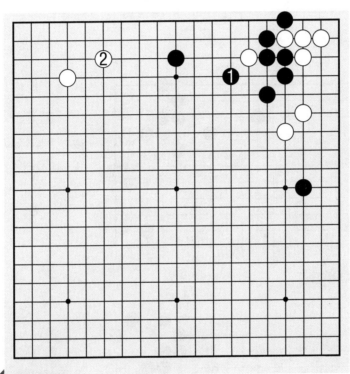

基本图 33

黑先。黑 1 封，白 2 飞。黑棋现在要攻击右上角白棋的弱点，破白棋的根地。请问黑棋攻击的急所在哪里？

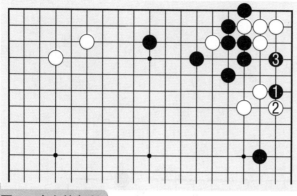

图1　攻击的急所

图1　攻击的急所

黑1是攻击的急所，其后白2如果外扳，黑3跳后，即可吃住角上白四子。

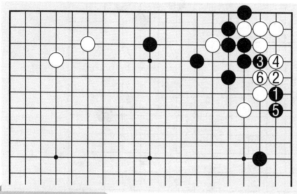

图2　正确的次序

图2　正确的次序

黑1时，白2内扳，则黑3冲、5退是正确的次序。

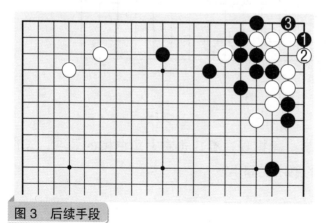

图3　后续手段

图3　后续手段

续图2，白棋的角地看似安全，其实黑1的手段可以成立，白2打吃，黑3扳后，双方下成打劫。黑棋应很好地选择打劫的时机。

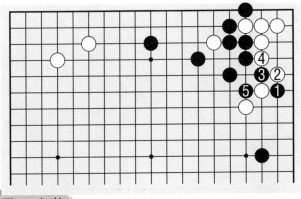

图4 打劫

图4 打劫

黑1、白2时，黑3可以断，其后白4打吃，黑5反打，双方下成打劫。黑棋在选择这一下法时，应充分考虑到劫材。

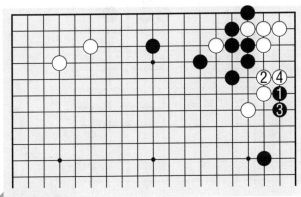

图5 还原

图5 还原

黑1时，白2退是为了避免打劫，但黑3也退，白4挡后，又还原成图2的结果。

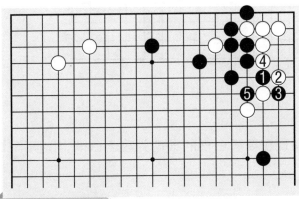

图6 黑棋的变化

图6 黑棋的变化

黑1尖的变化也可成立，白2扳，黑3断，以下至黑5，还原成图4，黑强行打劫。

基本图 34 ▶▶

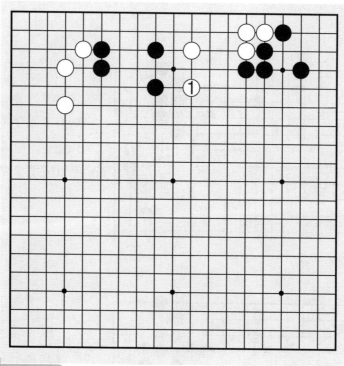

基本图 34

黑先。白1单跳，黑棋现在要破白棋的根地并攻击白棋。请问黑棋的攻击手段是什么？

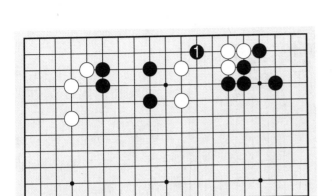

图 1　攻击的急所

图 1　攻击的急所

黑 1 点是攻击白棋的急所，黑 1 攻击后，白棋成为没有根地的浮棋。

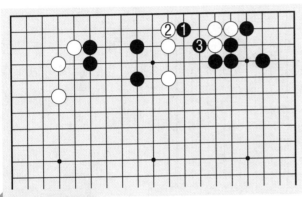

图 2　黑棋满足

图 2　黑棋满足

黑 1 点 时，白 2 如果挡，黑 3 后，白棋不好应。

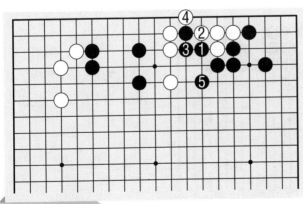

图 3　白棋难受

图 3　白棋难受

黑 1 时，白 2 挤可以联络，黑 3 接，白 4 只好在一路渡过，但黑 5 虎补，白棋仍然没有眼。

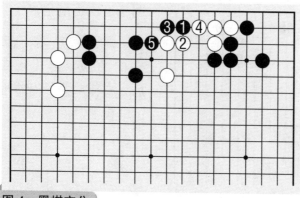

图 4　黑棋充分

图 4　黑棋充分

黑 1 点时，白 2 如果挡，黑 3 渡过即可，以下白 4、黑 5，黑棋不仅可以捞取实地，而且还可保持对白棋的攻势。

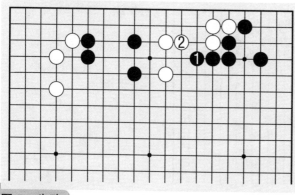

图 5　失败

图 5　失败

黑 1 长，让白 2 补棋后，白棋可以确保一眼。与无眼相比，差别当然很大。

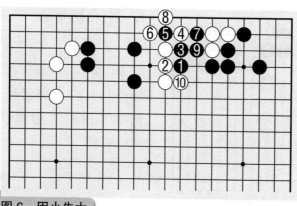

图 6　因小失大

图 6　因小失大

黑 1 后，黑 3 冲、5 断也是一种选择。但以下至白 10，黑棋因小失大。

基本图 35 ▶▶

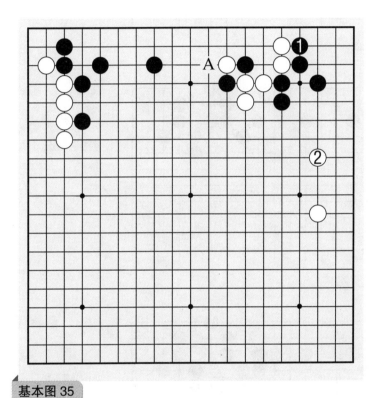

基本图 35

黑先。黑1挡，白2拆边，其实白2应下在A位补棋才是本手。现在黑棋应通过攻击来确立优势，请问黑棋如何攻击最佳？

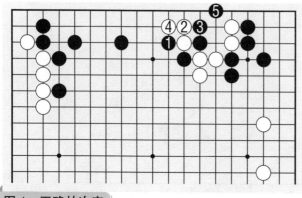

图1 正确的次序

图1 正确的次序

黑1打吃，其后黑3挡，是将白棋逼入绝境的正确次序。白4时，黑5尖是决定性的一击，白棋阻止不了黑棋的联络。

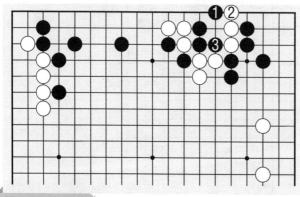

图2 白棋被吃

图2 白棋被吃

黑1尖时，白2挡的下法不成立，黑3断后，白三子被吃。

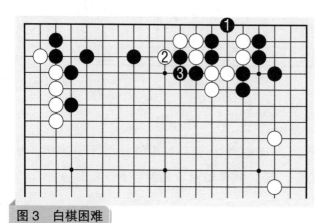

图3 白棋困难

图3 白棋困难

黑1尖时，白2如果打吃，黑3接即可，白棋两块棋都需处理。

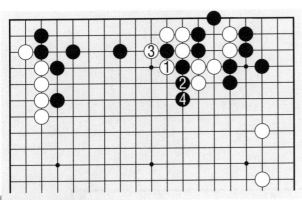
图 4　黑棋满足

图 4　黑棋满足

白 1 双打吃时，黑 2 逃一子，其后白 3 提子，黑 4 长后，白棋仍是两块棋需要处理。结果黑棋满足。

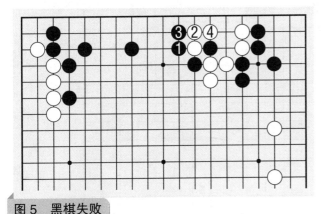
图 5　黑棋失败

图 5　黑棋失败

黑 1 打吃，白 2 时，黑 3 挡是大恶手，白 4 打吃后，白棋即可不再受攻。

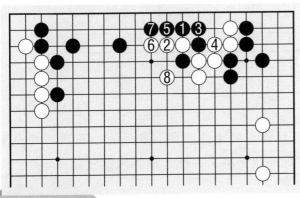
图 6　白棋满足

图 6　白棋满足

黑 1 打吃，其后黑 3 接不好，白 4 连接，以下黑 7 渡过，白 8 枷吃黑一子，白棋满足。

基本图 36 ▶▶

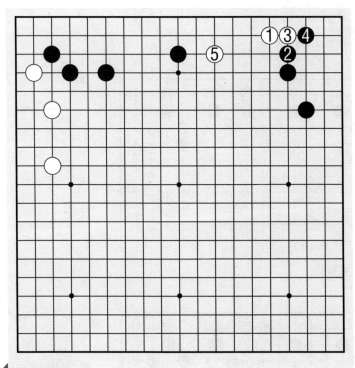

基本图 36

黑先。白 1 低空飞行，是常用的渗透手段。其后至白 5 飞，均是实战中经常出现的。之后黑棋如何攻击将是关键，请问黑棋应如何下？

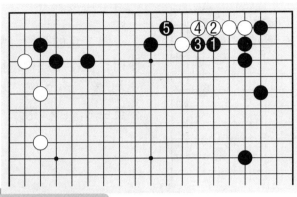

図1 正确的攻法

图1　正确的攻法

黑1是攻击的急所，白2爬过，黑3先手与白4交换后，黑5尖破白棋根地是要领。

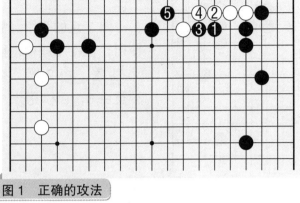

图2　黑棋主动

图2　黑棋主动

续图1，黑1时，白2接，其后黑3跳正确，白4时，黑5再跳补，黑棋仍掌握大势的主动权。

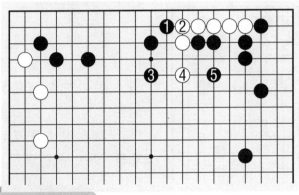

图3　攻击失败

图3　攻击失败

黑1飞，被白2飞补，黑棋的攻击失败。

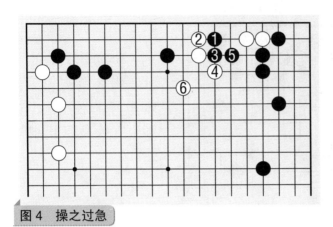

图4 操之过急

图4 操之过急

黑1点的手段经常使用，但在本题中则操之过急。白2挡，以下至白6，白棋充分。

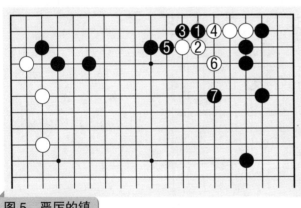

图5 严厉的镇

图5 严厉的镇

黑1时，白棋不选择图4的着法，而于本图中白2挡是疑问手。其后黑3、5联络，白6虎，黑7镇非常严厉，黑棋满足。

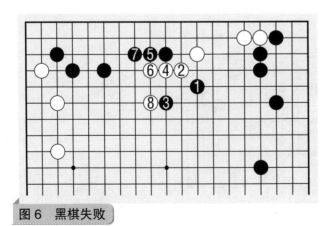

图6 黑棋失败

图6 黑棋失败

黑1直接镇错误，白2穿象眼走向中腹，以下至白8，白棋可以出头，黑棋失败。

基本图 37 ▶▶

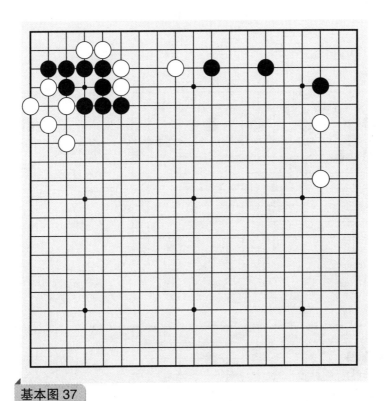

基本图 37

黑先。黑棋对上边白五子的攻击效果或可影响全局的形势。黑棋在攻击时，应首先从破白棋的根地开始。请问攻击的急所在哪里？

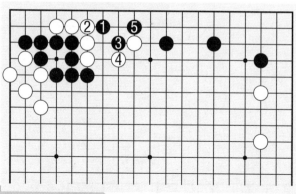

图1 攻击的急所

图1 攻击的急所

黑1点是攻击的急所，白2如果接，黑3、5渡过后，白棋整体受攻。

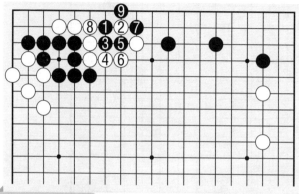

图2 大同小异

图2 大同小异

黑1时，白2如果求变，黑3、5可以成立，以下至黑9提子，结果与图1大同小异。

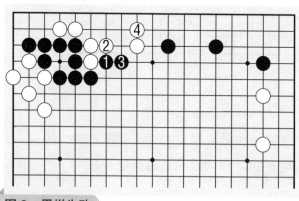

图3 黑棋失败

图3 黑棋失败

黑1扳不好，白2、4整形后，黑棋的攻击失败。

基本图 38 ▶▶

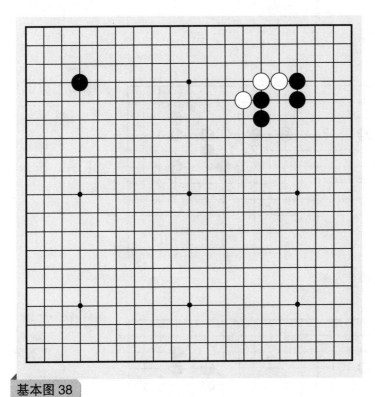

基本图 38

黑先。右上角的棋形是实战中经常出现的，黑棋如何攻击白棋？

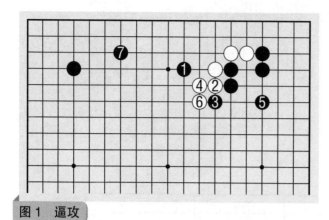

图1　逼攻

图1　逼攻

黑1逼是攻击的急所，白2挺头，黑3先手与白4交换后，黑5补棋是正确的次序，白6拐头时，黑7大飞，结果黑好。

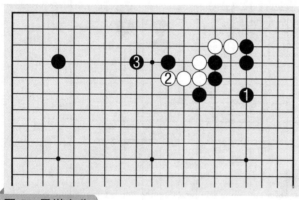

图2　黑棋充分

图2　黑棋充分

黑1补棋时，白2如果压，黑3单跳正确，结果仍是黑棋有利。

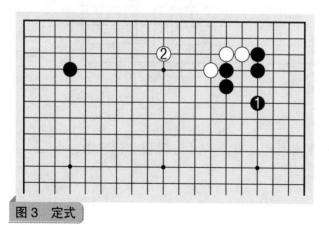

图3　定式

图3　定式

黑1先补棋不好，白2展开，白棋可以轻松安定。这是让子棋中常见的定式，是在黑棋有明显优势的情况下才会下的。

基本图 39 ▶▶

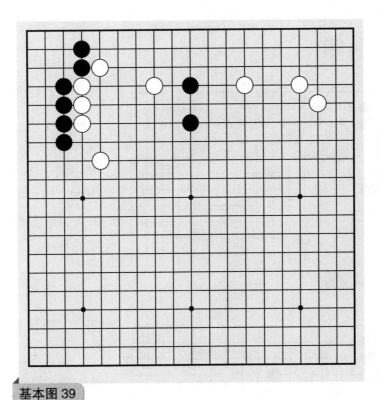

基本图 39

　　黑先。黑棋对左上白棋的攻击效果如何是局势的关键所在。请问黑棋如何攻击才最佳?

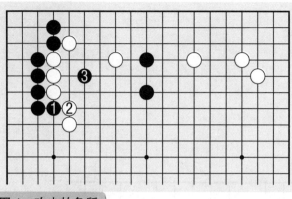

图 1 攻击的急所

图 1 攻击的急所

黑 1 冲，白 2 挡时，黑 3 点是攻击的急所。

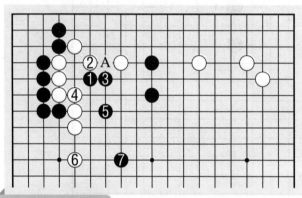

图 2 正确的次序

图 2 正确的次序

黑 1 点，白 2 补，黑 3 先手与白 4 交换后，黑 5 跳是正确的次序，以下至黑 7，黑好。以后黑棋还瞄着 A 位的利用。

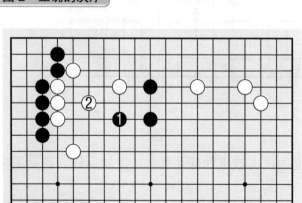

图 3 黑棋失败

图 3 黑棋失败

黑 1 镇，让白 2 补棋后，白棋的棋形富有弹性，黑棋的攻击失败。

基本图 40 ▶

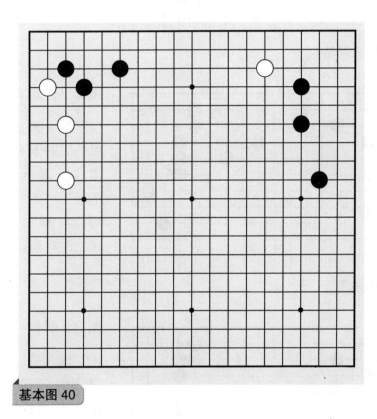

基本图 40

黑先。黑棋面临的问题是如何攻击右上的白一子。请问黑棋应如何下？

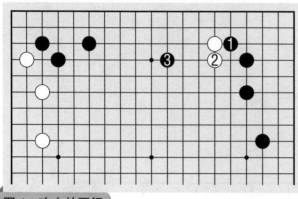

图1　攻击的要领

图1　攻击的要领

黑1尖顶，白2长时，黑3逼攻是要领，白棋由于棋形过重，以后不好处理。

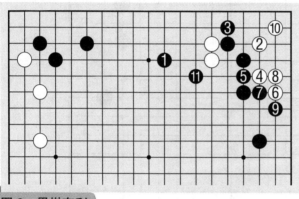

图2　黑棋有利

图2　黑棋有利

黑1夹攻时，白2点三三并不可怕，此时黑3阻渡是关键，以下至白10，白虽可活角，但黑11封后，黑棋绝对有利。

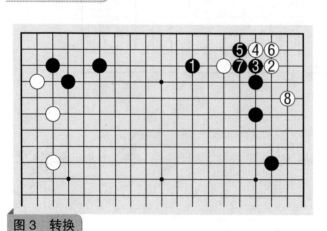

图3　转换

图3　转换

黑1直接夹攻，白2很可能点三三，以下至白8均是基本定式，结果白棋轻松转身。

基本图 41 ▶▶

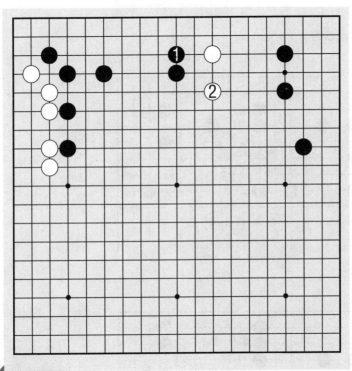

基本图 41

黑先。黑 1 立，白 2 单跳。其后黑棋如何攻击白二子？

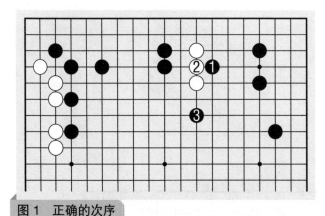

图1 正确的次序

图1 正确的次序

黑1刺，白2接时，黑3镇是正确的次序，以后白棋将受到很大限制。

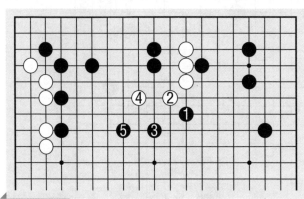

图2 黑好

图2 黑好

续图1，黑1镇后，白2尖出，黑3飞封很好，白4单跳，黑5追击，黑棋形势好。

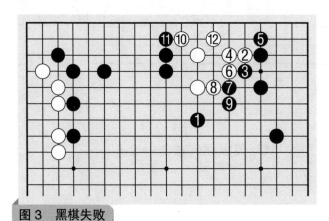

图3 黑棋失败

图3 黑棋失败

黑1先镇不好，此时白2靠是腾挪的手筋，以下至白12，白棋可以轻松安定。

基本图 42 ▶▶

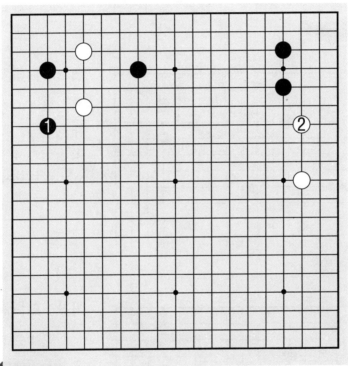

基本图 42

　黑先。黑 1 拆二，白 2 在右边拆边，其后黑棋应攻击左上白二子。请问黑棋如何攻击才最佳？

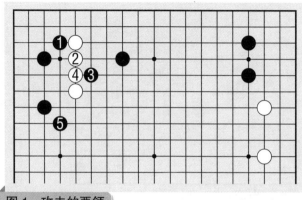

图 1 攻击的要领

图 1　攻击的要领

黑 1 尖顶是攻击的要领，白 2 如果长，黑 3 先手与白 4 交换后，黑 5 尖，以后白棋会受到很多制约。

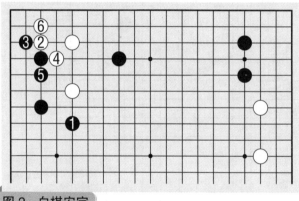

图 2 白棋安定

图 2　白棋安定

黑 1 飞镇，白 2 托可以腾挪，黑 3 如果扳，白 4 虎后，白 6 立，白棋轻松安定。

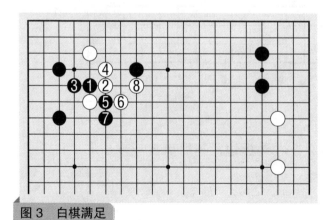

图 3 白棋满足

图 3　白棋满足

黑 1 靠断操之过急，白 2 扳，以下至白 8 整形，白棋满足。

基本图 43 ▶▶

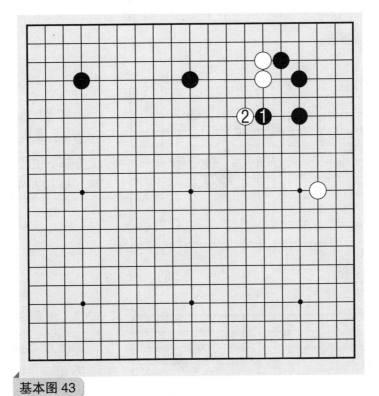

基本图 43

黑先。黑 1 镇，白 2 靠谋求出头。其后黑棋应如何攻击白三子，其
攻击要领是什么？

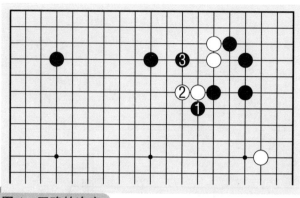

图1 正确的次序

图1 正确的次序

黑1扳是唯一的下法，白2长时，黑3击中要害。

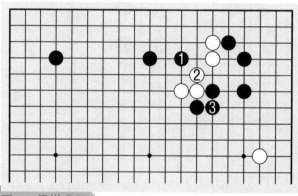

图2 黑棋满足

图2 黑棋满足

续图1，黑1时，白2如果连，黑3接是好棋，白棋的棋形过重，处理起来很难。

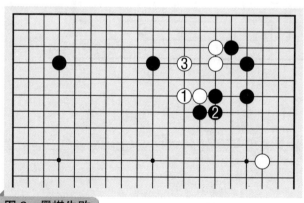

图3 黑棋失败

图3 黑棋失败

白1长时，黑2接不好，白3单跳整形后，白棋不再受攻。

基本图 44 ▶▶

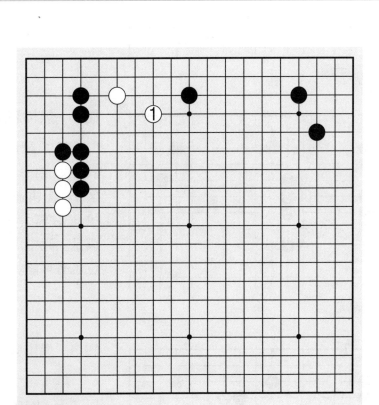

基本图 44

黑先。白1飞谋求出头，黑棋由于左侧的外势特别强大，因而可以猛攻白棋。请问如何攻击白棋才最佳？

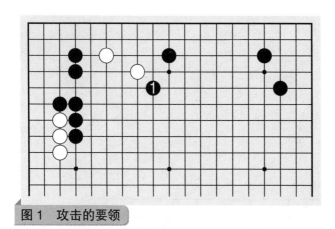

图1 攻击的要领

图1 攻击的要领

黑1飞，强行封锁白棋是攻击的要领，由于周边黑棋极其强大，白棋不好下。

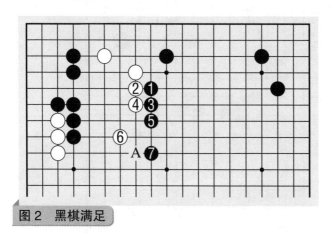

图2 黑棋满足

图2 黑棋满足

黑1封，白2、4长后，白6出头，至黑7，黑棋通过攻击而扩张右侧，黑棋可以满足。其中黑7下在A位也有可能。

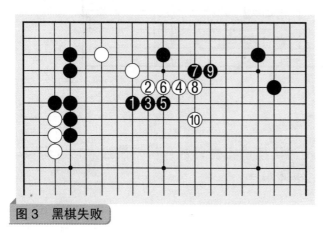

图3 黑棋失败

图3 黑棋失败

黑1镇方向错误，以下至白10，白棋成功出头后，黑棋的攻击未取得多大成效。

基本图 45 ▶▶

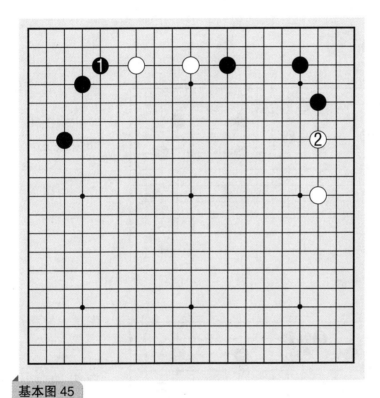

基本图 45

黑先。黑1尖，白2他投，其后黑棋欲通过攻击上边白二子而有所收获。请问黑棋应如何攻击？

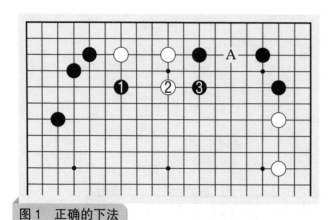

图1 正确的下法

图1 正确的下法

黑1镇是正确的攻击方法，白2如果出逃，黑3单跳，可以自然补去A位的弱点，其后白棋仍是受攻对象。

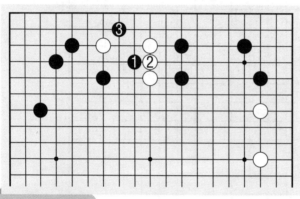

图2 后续手段

图2 后续手段

续图1，其后白棋如果脱先，黑1刺后，黑3飞的手段可以成立，白棋不好下。

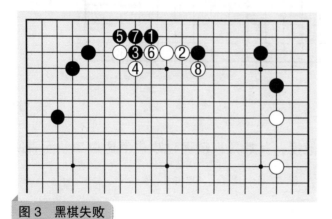

图3 黑棋失败

图3 黑棋失败

黑1点，意在搜白根地，却遭到白2的反击，以下至黑7渡过，白8扳，黑棋失败。

基本图 46 ▶▶

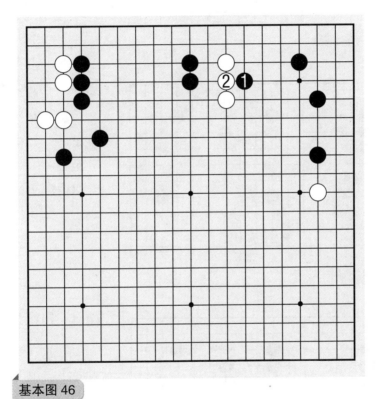

基本图 46

黑先。黑1刺，白2接，其后黑棋攻击的急所在哪里？

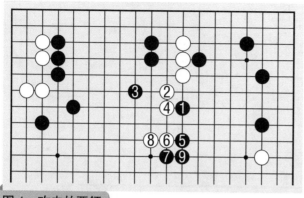

图1 攻击的要领

图1 攻击的要领

黑1镇是攻击的要领，白2尖出头时，黑3飞捞取实地兼攻击，以下至黑9，白棋仍是被攻击的对象。

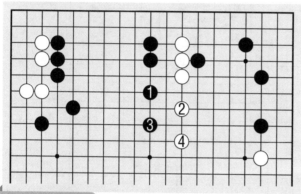

图2 黑棋失败

图2 黑棋失败

黑1单跳，被白2跳出后，黑棋不好。以下至白4，黑棋的攻击未取得应有的成效。

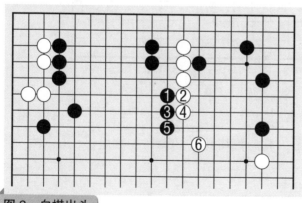

图3 白棋出头

图3 白棋出头

黑1飞封是与图2大同小异的下法，白2挺头，以下至白6，白棋可以出头。

基本图 47 ▶

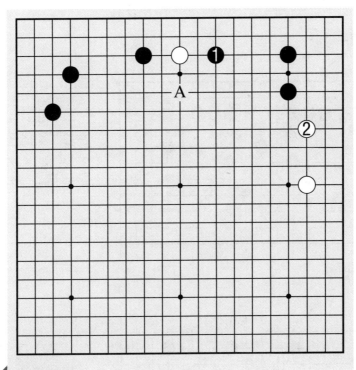

基本图 47

黑先。黑 1 逼攻时，白 2 在右边拆。实际上白 2 是无理棋，正确的
下法是在 A 位跳出。请问黑棋应如何攻击白棋？

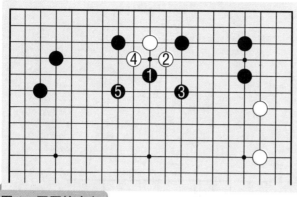

图1 严厉的攻击

黑1镇十分严厉，白2、4试图出头，至黑5，黑棋可以封锁白棋。

图1 严厉的攻击

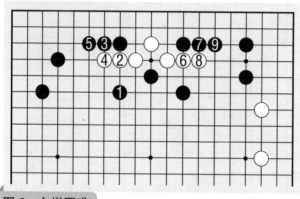

图2 白棋困难

续图1，黑1时，白2、4试图出头，黑3、5是正确下法，其后至黑9，白棋困难。

图2 白棋困难

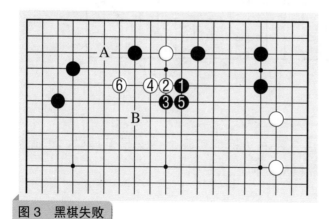

图3 黑棋失败

黑1飞虽是经常使用的下法，但在本题中不能成立。白2靠，以下至白6，白棋可以轻松安定，以后白棋在A位和B位中必居其一。

图3 黑棋失败

基本图 48 ▶

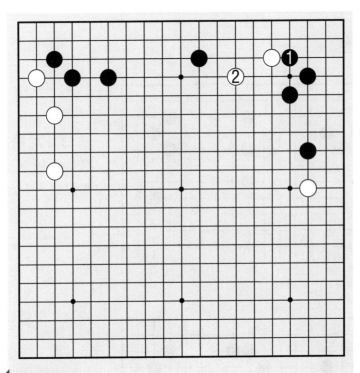

基本图 48

黑先。黑 1 尖顶，白 2 飞谋求出头。其后黑棋如何攻击白棋？

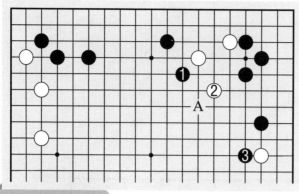

图1 正确的下法

图1 正确的下法

图1飞封是正确的攻法，白2谋求出头时，黑3靠是一种下法，黑3也有可能下在A位。

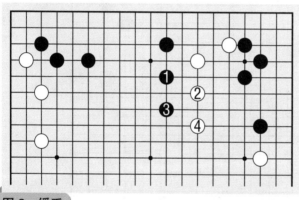

图2 缓手

图2 缓手

黑1单跳太缓，被白2跳出后，黑棋失败。以下至白4，白棋已转入安定。

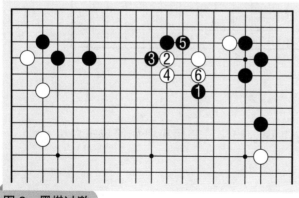

图3 黑棋过激

图3 黑棋过激

黑1镇是过激的攻法，白2靠，以下至白6，白棋轻松安定。

基本图 49 ▶▶

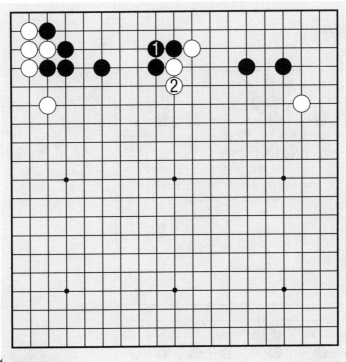

基本图 49

黑先。黑1接时，白2长。其后黑棋应猛攻白三子。请问黑棋如何攻击才最佳？

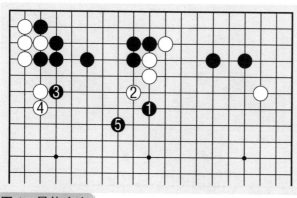

图1　最佳攻法

图1　最佳攻法

黑1镇是最佳攻法，其后白2如果出头，黑3先手利用后，黑5可以强攻白棋。

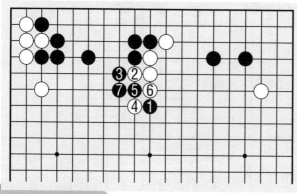

图2　黑棋的强手

图2　黑棋的强手

黑1时，白2拐、4靠，黑5断是强手，以下至黑7，白棋难处理。

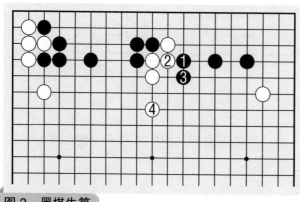

图3　黑棋失算

图3　黑棋失算

黑1刺，白2接，其后黑3长看似急所，但在本题中不成立。白4单跳，白棋从此脱离了危机。

基本图 50 ▶

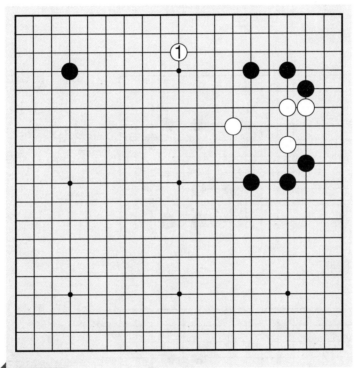

基本图 50

黑先。白 1 分投，由于右侧白四子较弱，黑棋应不使两块棋形成联络，从而进行攻击。请问黑棋应如何下？

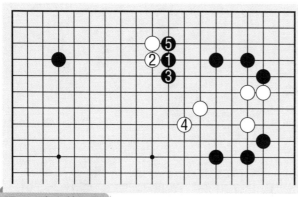

图 1 攻击的要领

图 1 攻击的要领

黑 1 肩冲是分断并攻击白棋的要领，其后白 2 长、4 尖，至黑 5 挡，黑棋的攻击取得了成功。

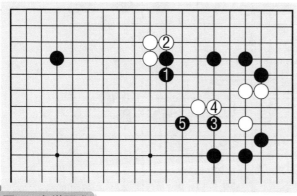

图 2 白棋困难

图 2 白棋困难

黑 1 长时，白 2 拐头无理，黑 3 刺后，黑 5 封，白棋困难。

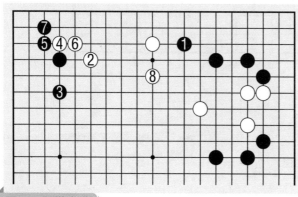

图 3 黑棋失败

图 3 黑棋失败

黑 1 飞过缓，白 2 挂，以下至白 8，白棋已大致联络，黑棋失败。

基本图 51 ▶▶

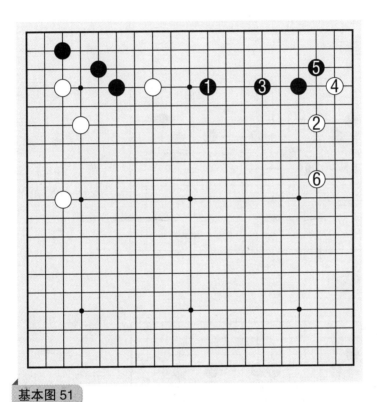

基本图 51

黑先。黑1夹攻，白2挂，以下至白6在右边安定。请问黑棋应如何攻击上边白一子？

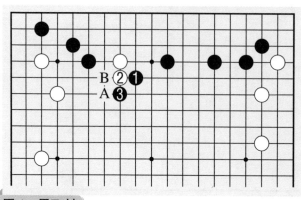

图1 黑飞封

图1 黑飞封

黑1飞封是急所，白2时，黑3扳又是严厉的手法，其后白A时，有黑B断的强手。

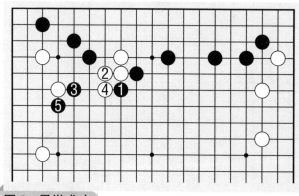

图2 黑棋成功

图2 黑棋成功

黑1扳，白2弯，此时黑3靠是正确下法，其后白4拐，黑5扳，黑棋的攻击取得成功。

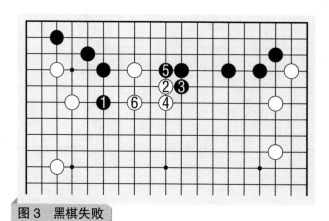

图3 黑棋失败

图3 黑棋失败

黑1单跳过缓，白2飞，以下至白6，白棋可以轻松整形。

基本图 52 ▶▶

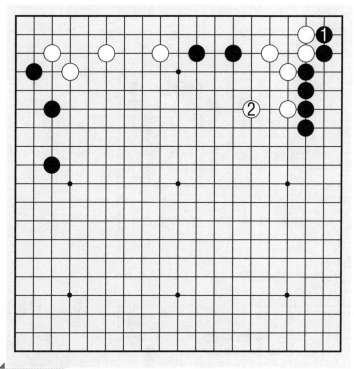

基本图 52

黑先。黑1挡，白2跳，白2看似有补兼攻的作用，但由于自身仍有弱点，故白2并不好。请问黑棋应如何攻击白棋？

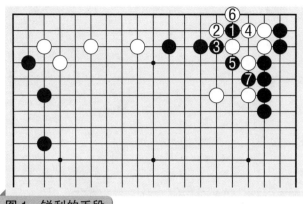

图1 锐利的手段

图1 锐利的手段

黑1托是攻击白棋弱点的锐利一手，其后白2、4打吃黑一子，以下至黑7，黑棋可以切断白棋。

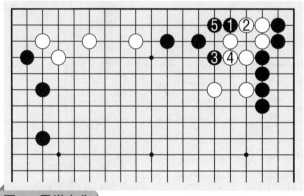

图2 黑棋充分

图2 黑棋充分

黑1时，白2应，则黑3先手利用后，黑5退，黑棋充分可下。

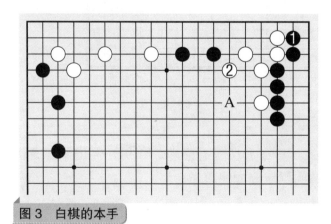

图3 白棋的本手

图3 白棋的本手

黑1挡时，白棋不在A位跳，而白2虎才是本手。这一步后，黑二子反而处于受攻状态。

第2章

攻击手筋39型

问题图1 ▶▶

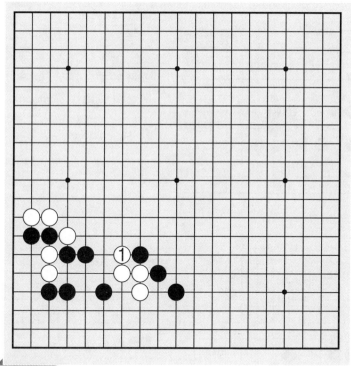

问题图1

黑先。白1拐出时，黑棋应利用白棋的弱点展开攻击。请问其攻击的手筋是什么？

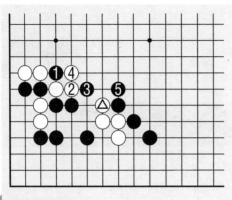

图1 正解

图1 正解

白△时，黑1断是手筋，白2逃出，黑3打吃，其后黑5长，由此可以吃住白四子。

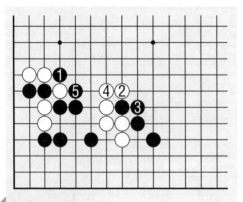

图2 变化

图2 变化

黑1打吃时，白2在中腹打吃黑一子，其后白4接，黑5提子，结果黑棋充分。

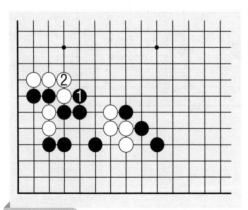

图3 失败

图3 失败

黑1打吃，让白2接之后，黑棋失败。黑棋由于自身有弱点而很难有所作为。

问题图 2 ▶▶

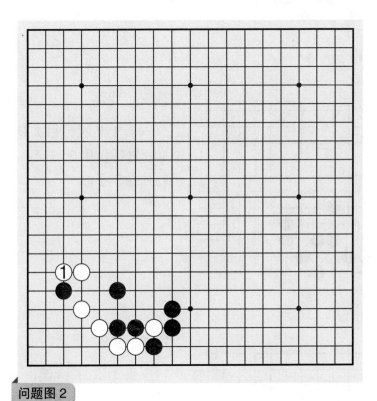

问题图 2

黑先。白 1 挡时，请问黑棋应如何下？其攻击的手筋是什么？

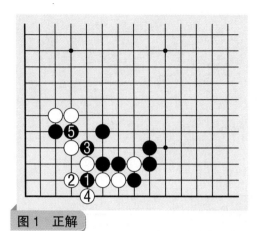

图 1 正解

图 1 正解

黑1断是绝妙的手筋，白2如果打吃，黑3先手利用后，黑5可以分断白棋。

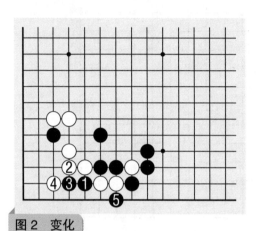

图 2 变化

黑1断时，白2是为避免图1的进行，黑3、5后，黑棋可以吃住白二子。

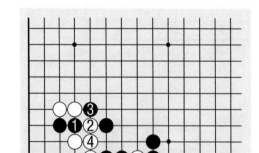

图 3 失败

黑1次序错误，白2挖、4接以后，黑棋大损。

问题图 3 ▶▶

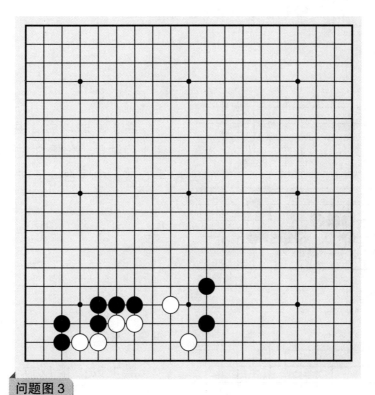

问题图 3

黑先。白棋的棋形有弱点，黑棋应通过攻击整块白棋而获利。请问黑棋的攻击手筋是什么？

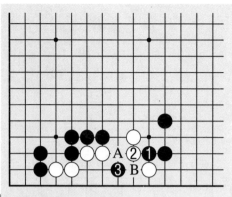

图1 正解

图1 正解

黑1冲，其后黑3点是正确的次序，黑棋以后有A位和B位的手段。

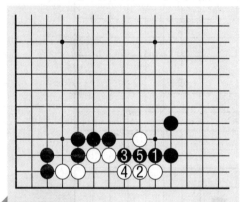

图2 变化

图2 变化

黑1冲时，白2退，以避免图1的结果，但黑3先手利用后，黑5接，中腹白一子被分断。

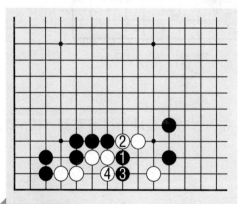

图3 失败

图3 失败

黑1扳不能成立，白2断，黑3时，白4贴，黑二子被吃。

问题图 4 ▶▶

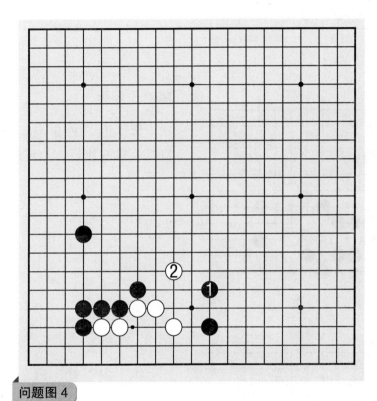

问题图 4

黑先。黑 1 单跳，白 2 飞出。请问其后黑棋破白棋根地并攻击白棋的手筋是什么？

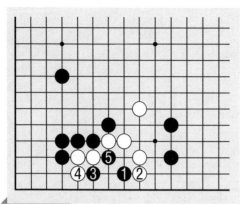

图1 正解

图1 正解

黑1是手筋，白2如果挡，黑3是连贯的好手，以下白4、黑5，黑棋可以吃住白三子。

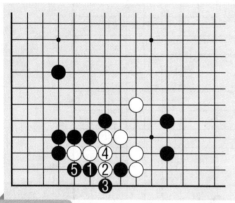

图2 变化

图2 变化

黑1时，白2挖，其后黑3打吃，黑5渡过，白成浮棋。

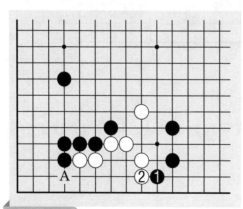

图3 失败

图3 失败

黑1尖不好，白2挡，以后白A扳即可活棋，黑棋的攻击失败。

问题图 5 ▶▶

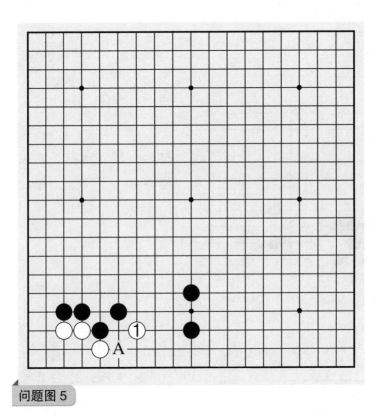

问题图 5

黑先。白 1 飞，意在向边上出头，但实际上白 1 下在 A 位才是本手。请问黑棋应如何攻击白棋的失误？

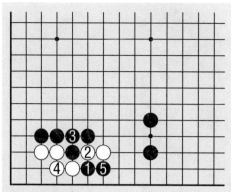

图1 正解

图1 正解

黑1扳是手筋，白2打吃，黑3接，白4接，黑5退后，白二子已难救回。

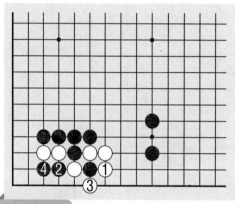

图2 变化

图2 变化

白1打吃黑一子，黑2反打后，黑4再打，黑棋可以占取角地。

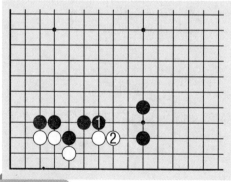

图3 失败

图3 失败

黑1压，让白2长后，黑棋已无继续攻击的方法。

问题图6 ▶▶

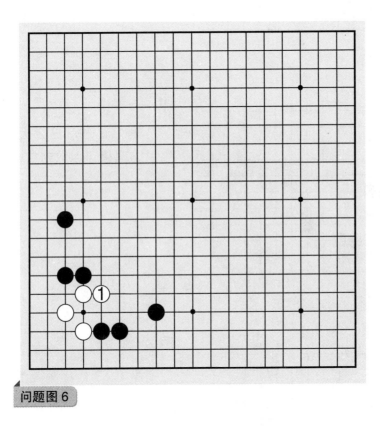

问题图6

黑先。白1向中腹出头。请问黑棋破白棋根地并攻击白棋的手筋是什么?

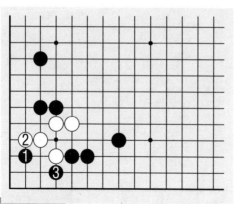

图1　正解

图1　正解

黑1点是攻击的急所，白2如果挡，黑3可以扳过。

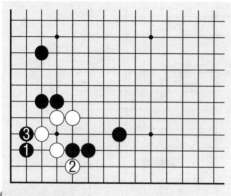

图2　变化

图2　变化

黑1点时，白2扳，黑3联络后，黑棋可以攻击白棋整体。

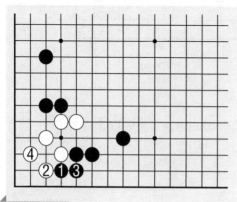

图3　失败

图3　失败

黑1、3扳接只是官子下法，其后白4虎，白棋可以确保两眼，黑棋的攻击失败。

问题图 7 ▶▶

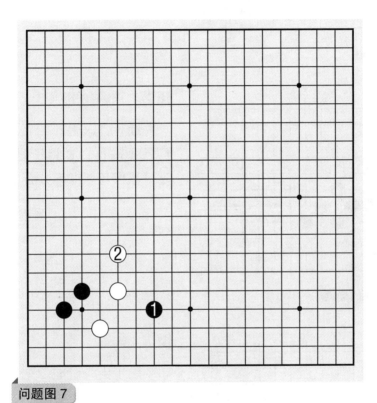

问题图 7

　　黑先。黑1逼攻，白2跳出，但实际上白2是坏棋。请问黑棋如何攻击白棋的失误，其攻击手筋是什么？

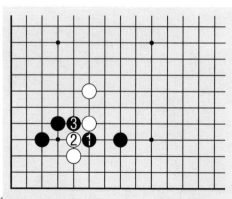

图1 正解

图1 正解

黑1跨是攻击白棋的手筋，白2冲，黑3断后，白棋不好应。

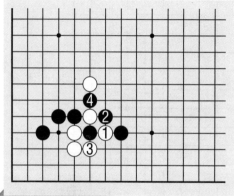

图2 正解的继续

图2 正解的继续

续图1，白1打吃，黑2反打是手筋，白3提子时，黑4打吃，黑棋可以上下分断白棋。

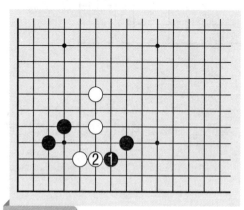

图3 失败

图3 失败

黑1尖，让白2补棋，黑棋有帮对方走棋的嫌疑。

问题图 8 ▶▶

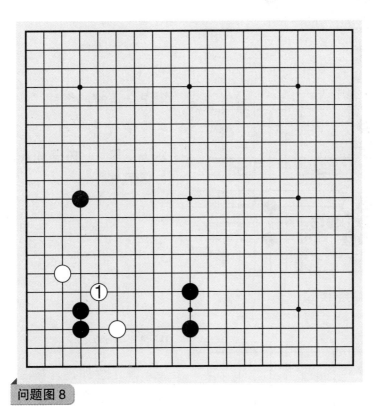

问题图 8

黑先。请问白 1 封时，黑棋攻击白棋弱点的正确次序是什么？

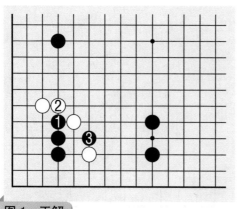

图 1 正解

图 1 正解

黑 1 冲，其后黑 3 跨，是攻击白棋弱点的正确次序。

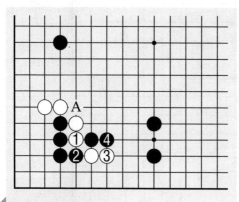

图 2 正解的继续

图 2 正解的继续

续图 1，白 1 冲，黑 2 断，以下至黑 4，白棋有 A 位的弱点，白棋困难。

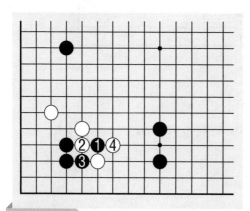

图 3 失败

图 3 失败

黑 1 立即跨，被白 2、4 征吃黑一子，黑棋失败。

问题图 9 ▶▶

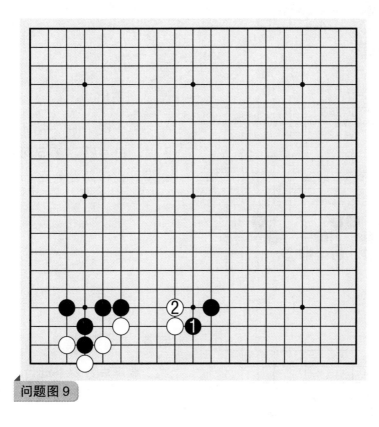

问题图 9

　　黑先。黑 1 尖顶时，白 2 长。请问黑棋应如何破白棋的根地并攻击白棋？其攻击的手筋是什么？

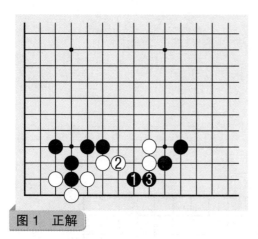

图1　正解

图1　正解

黑1点是急所，其后白2应，黑3拉回，黑棋可以达到目的。

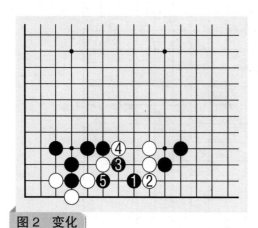

图2　变化

图2　变化

黑1时，白2挡不成立，黑3尖，白4断，黑5可以打吃白一子，白棋角上全死。

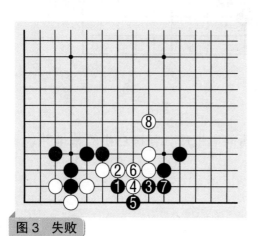

图3　失败

图3　失败

黑1点，以下进行至白8，白顺利出头，黑棋的攻击失败。

问题图 10 ▶▶

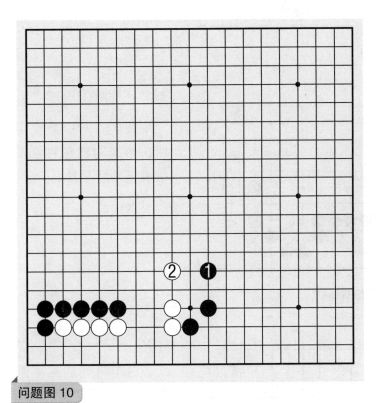

问题图 10

　　黑先。黑 1 单跳，白 2 同样单跳出头，其后黑棋在攻击时应首先考虑破白棋的根地。请问黑棋攻击的手筋是什么？

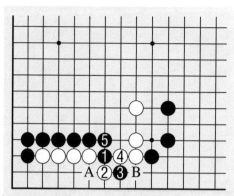

图1 正解

图1 正解

黑1、3连扳是正确的攻击手段，白4、黑5交换之后，黑棋在A位和B位中必居其一。

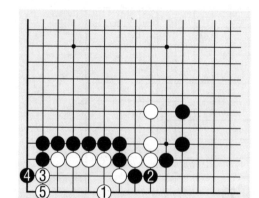

图2 正解的继续

图2 正解的继续

续图1，白1虎，黑2拉回后，中腹白四子被切断，而角上白棋还须后手补活。

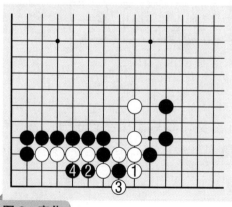

图3 变化

图3 变化

白1打吃，虽可避免图2的进行，但黑2反打后，黑4长，角上白四子被吃。

问题图 11 ▶▶

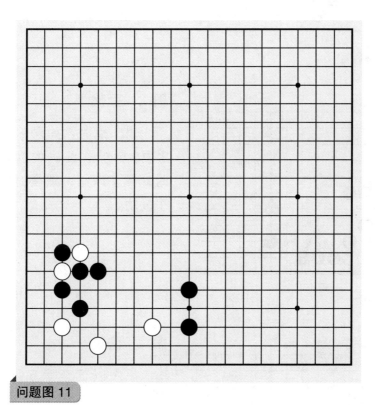

问题图 11

黑先。请问黑棋应如何攻击白棋？其攻击的手筋是什么？

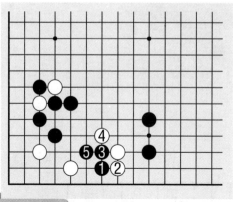

图1 正解

图1 正解

黑1点是攻击的急所，白2如果挡，黑3、5后，白棋困难。

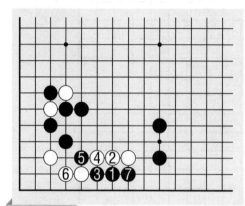

图2 变化

图2 变化

黑1点时，如果白2挡，黑3顶、5断是正确的次序，白6时，黑7联络，黑棋的攻击取得了成功。

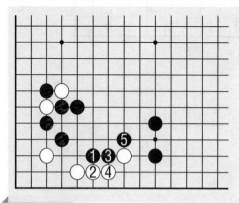

图3 失败

图3 失败

黑1以下至黑5封锁白棋，不能令人满意。

问题图 12 ▶▶

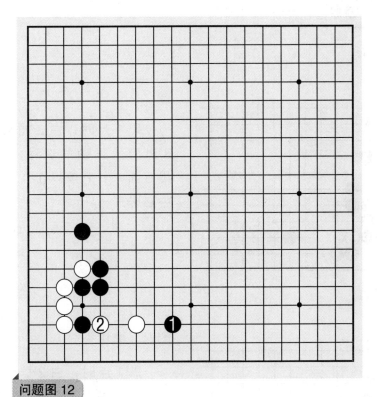

问题图 12

黑先。黑1逼攻，白2夹谋求联络。请问黑棋应如何利用白棋的弱点以取得利益？其攻击的手筋是什么？

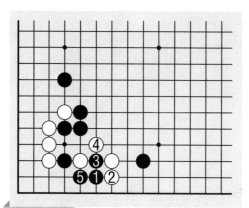

图1　正解

图1　正解

黑1点是攻击的急所，白2如果挡，黑3冲，其后黑5打吃，黑棋可以分断白棋。

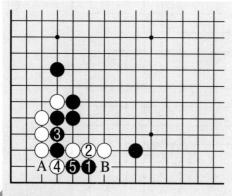

图2　变化

图2　变化

黑1点时，白2如果接，黑3也接是正确的次序，白4时，黑5断，其后黑棋在A位和B位中必居其一。

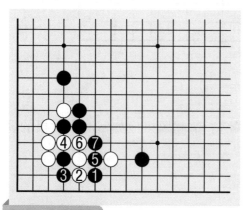

图3　黑棋充分

图3　黑棋充分

黑1点时，白2挡也可以考虑，黑3立，以下进行至黑7，黑棋可以左右分断白棋。

问题图 13 ▶▶

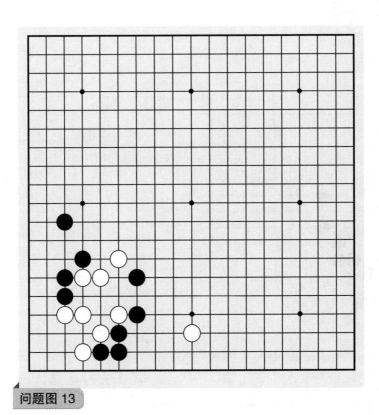

问题图 13

黑先。本图是星定式中经常出现的棋形，其后黑棋应破白棋根地并对其实施攻击。请问攻击的手筋是什么？

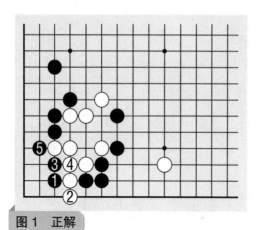

图1 正解

图1 正解

黑1夹是手筋，白2如果下立，黑3先手利用后，黑5渡过，黑棋可以达到目的。

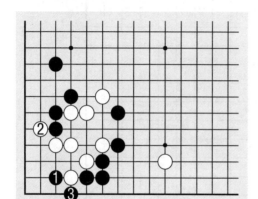

图2 变化

图2 变化

黑1夹时，白2如果扳，黑3联络即可。

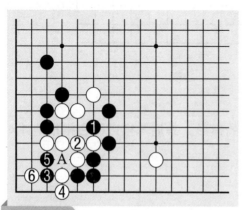

图3 失败

图3 失败

黑1先打吃是大恶手，白2接，黑再下3、5时，白棋不在A位接，而有白6反击的手段，结果黑二子被吃。

问题图 14 ▶▶

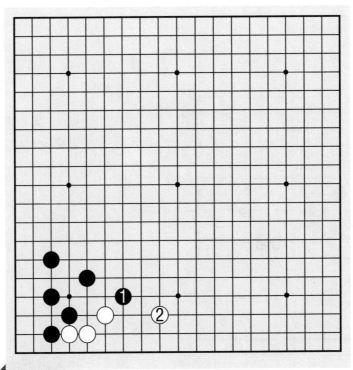

问题图 14

黑先。黑1封，白2应，白2看似有效，其实存在致命的弱点。请问黑棋攻击的手筋是什么？

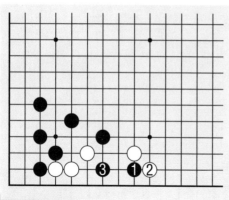

图1 正解

图1 正解

黑1托是手筋，白2如果外扳，黑3点后，角上白三子被吃。

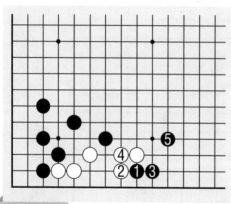

图2 变化

图2 变化

黑1托时，白2如果内扳，黑3退后，黑棋充分。以下白4、黑5，整块白棋受攻。

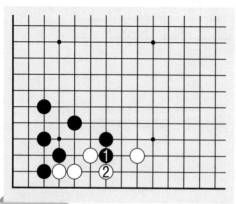

图3 失败

图3 失败

黑1与白2交换是大恶手，白棋本身已获得安定。

问题图 15 ▶▶

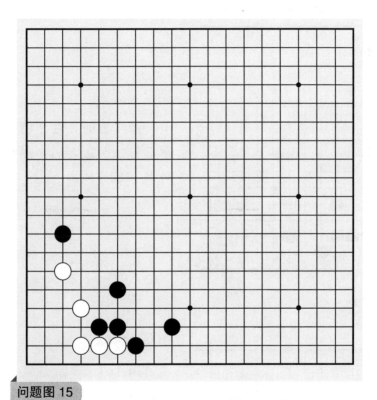

问题图 15

黑先。角上白棋棋形不是很完整。黑棋应如何攻击白棋的弱点，其手筋是什么？

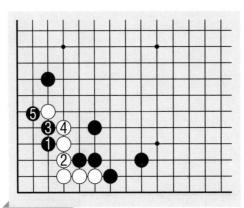

图1　正解

图1　正解

黑1靠是攻击白棋弱点的急所，其后白2接时，黑3、5渡过，整块白棋都是浮棋。

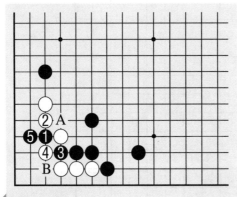

图2　变化

图2　变化

黑1靠时，白2挡不能成立，黑3断、5立之后，黑棋有A位或B位的手段。

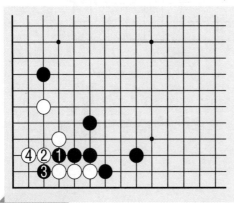

图3　失败

图3　失败

黑1冲、3断是在帮对方走棋，白4后，黑棋一无所获。

问题图 16 ▶▶

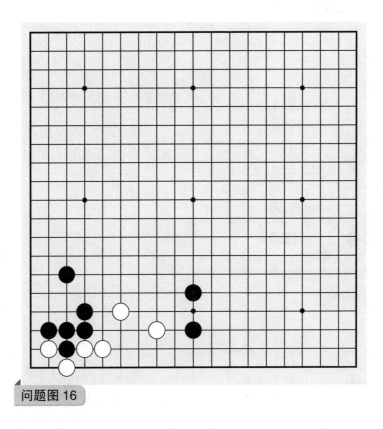

问题图 16

　　黑先。本图是实战中经常出现的棋形，黑棋应破白棋的根地并对其进行攻击。请问如何下才最佳？

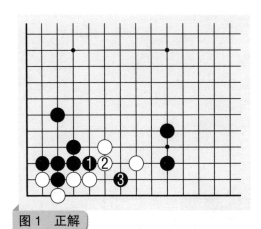

图 1　正解

图1　正解

黑1冲，白2挡时，黑3再点，是攻击白棋弱点的正确次序。

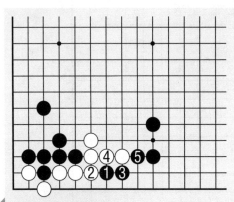

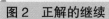

图 2　正解的继续

图2　正解的继续

续图1，黑1点时，白2接，其后黑3、5联络，白棋整体未活。

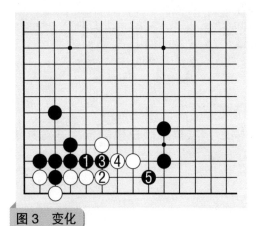

图 3　变化

图3　变化

黑1冲时，白2退，目的是避免图2的进行，但黑3再冲，至黑5尖，白棋仍无根。

问题图 17 ▶▶

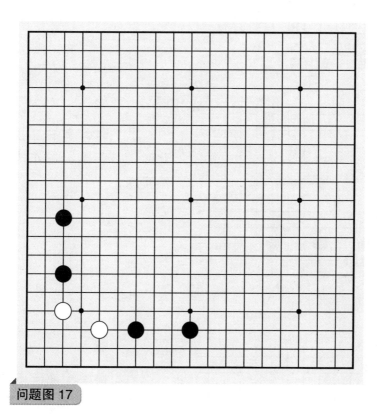

问题图 17

黑先。请问黑棋在本题中应如何攻击白棋的角地，其攻击的手筋是什么？

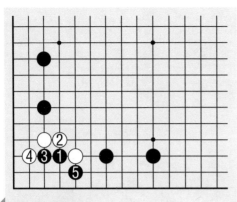

图1 正解

图1　正解

黑1是攻击白棋弱点的急所，白2如果挡，黑3先手与白4交换后，黑5扳可以联络。

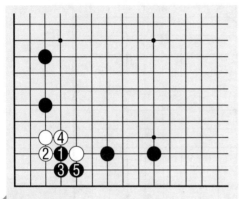

图2 变化

图2　变化

黑1时，有白2挡的变化，此时黑3下立，白4挡，黑5安然渡过。

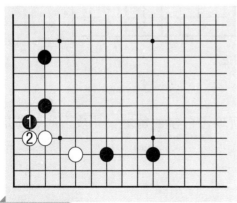

图3 失败

图3　失败

黑1单尖不能令人满意，白2挡后，黑棋已无攻击白角的方法。

问题图 18

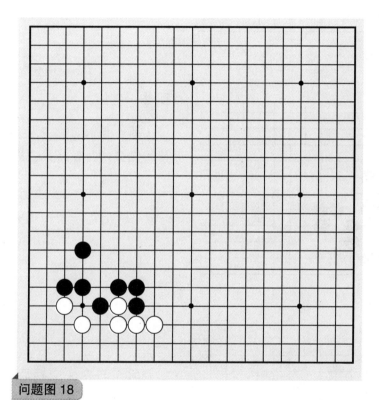

问题图 18

　　黑先。黑棋欲通过攻击角上白棋的弱点而有所收获。请问黑棋攻击的手筋是什么？

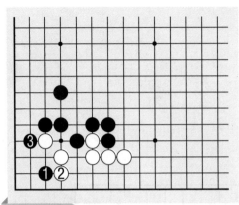

图1 正解

图1 正解

黑1点是攻击白棋弱点的急所，其后白2挡，黑3可以扳过。

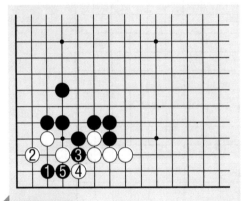

图2 变化

图2 变化

黑1点时，白2尖阻渡无理，其后黑3冲、5断，白棋困难。

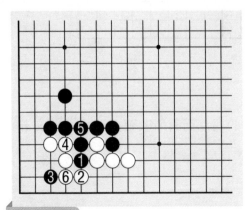

图3 失败

图3 失败

黑1与白2交换后再黑3点次序错误，白4打吃后，白6接，黑棋失败。

问题图 19 ▶▶

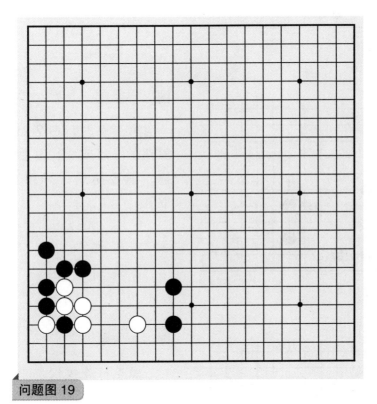

问题图 19

黑先。角上黑一子已被白棋吃住，但黑棋却可利用这一子获取很大利益。请问黑棋攻击白棋的手筋是什么？

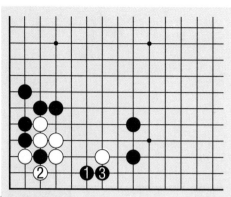

图1 正解

图1 正解

黑1点是攻击的急所，其后白2提子，黑3连回，黑棋的收获很大。

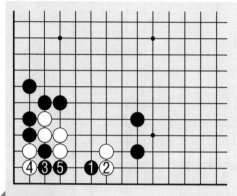

图2 变化

图2 变化

黑1点时，白2如果挡，黑3下立可以成立，其后白4如果挡，黑5拐后，黑棋在对杀中取胜。

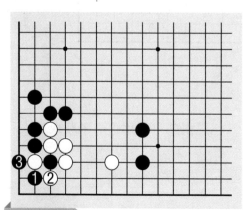

图3 失败

图3 失败

黑1打吃仅仅是小官子，白2提子，黑3反打，与图1相比，黑不好。

问题图 20 ▶▶

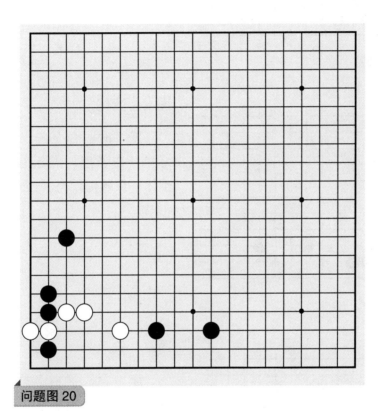

问题图 20

黑先。本图是实战中经常出现的棋形，黑棋应利用白角的弱点将白棋
逼成浮棋。请问黑棋攻击的手筋是什么？

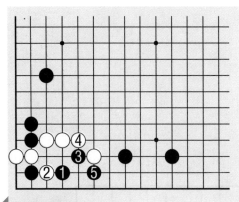

图1 正解

图1　正解

黑1点是攻击的急所，白2应，黑3、5联络后，白棋整体受攻。

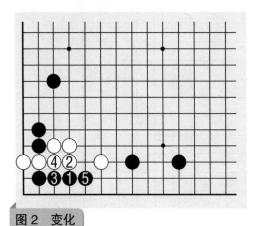

图2 变化

图2　变化

黑1时，白2应，黑3接是好棋，白4接，黑5退后，白棋整体一只眼都没有。

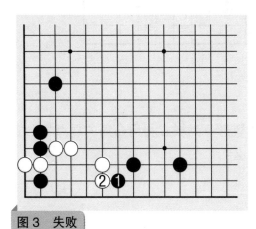

图3 失败

图3　失败

黑1尖，被白2挡后，黑1成为大恶手，黑棋在角上已无任何手段。

问题图 21 ▶▶

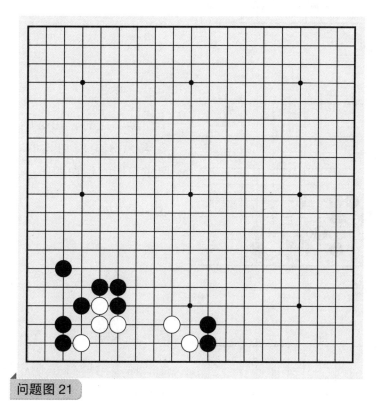

问题图 21

　　黑先。下边白棋仍是弱形，黑棋欲通过攻击使其成为浮棋。请问其攻击的手筋是什么？

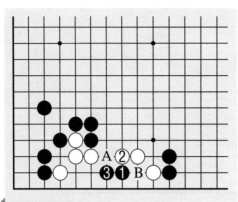

图1 正解

图1　正解

　　黑1点是急所，白2如果挡，黑3长后，黑棋在A位和B位中必居其一。

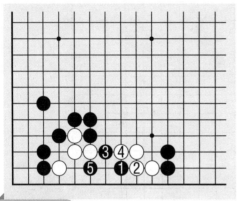

图2 变化

图2　变化

　　黑1点时，白2的下法无理，接着黑3尖，白4时，黑5虎，黑棋可以吃住白四子。

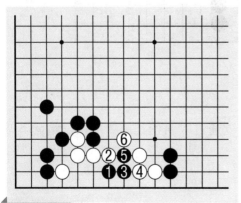

图3 失败

图3　失败

　　黑1虽同样是点，但在本题中不能成立，白2挡，以下至白6，黑三子被吃。

问题图 22 ▸▸

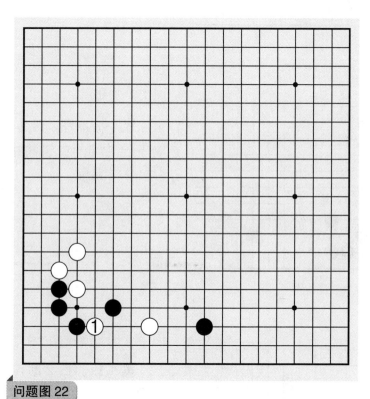

问题图 22

黑先。白1跨，其意图是分断并攻击黑棋。请问黑棋如何应对才最佳？

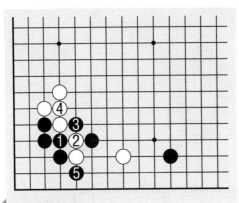

图1 正解

图1 正解

黑1、3是正确的反击手段，白4接，黑5可以征吃白二子。

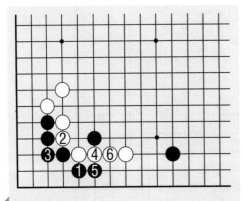

图2 失败1

图2 失败1

黑1扳不好，白2先手利用，以下至白6，白棋将中腹走厚，白棋非常满意。

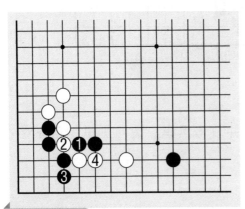

图3 失败2

图3 失败2

黑1扳，白2断，黑3下立补角上弱点，白4联络后，黑棋不利。

问题图 23 ▶▶

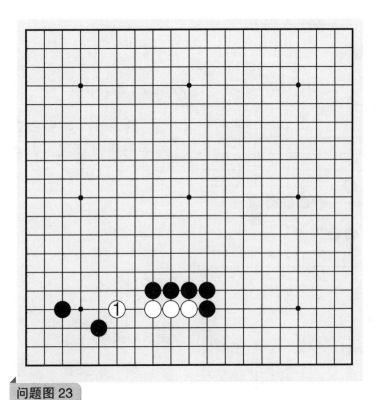

问题图 23

黑先。白1跳出头，其后黑棋应抓住白棋的弱点进行攻击。请问黑棋攻击的手筋是什么？

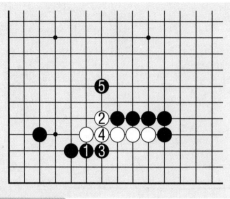

图1　正解

　　黑1是攻击的急所，白2如果虎，黑棋先手利用后，黑5飞镇，黑棋可以攻击整块白棋。

图1　正解

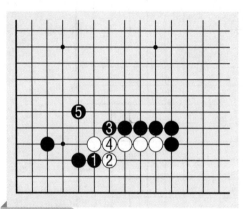

图2　变化

　　黑1时，如果白2虎，黑3先手利用很舒服，白4接，黑5攻击，白棋困难。

图2　变化

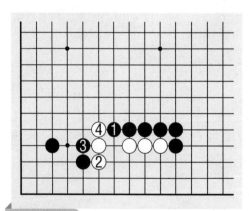

图3　失败

　　黑1长虽看似急所，但白2挡后，白棋形不错，至白4，白棋不再受攻。

图3　失败

问题图 24 ▶▶

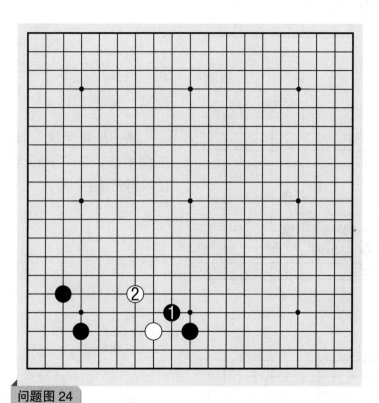

问题图 24

黑先。黑1尖，白2飞出头，其后黑棋应破白棋根地并对其实施攻击。请问黑棋攻击的手筋是什么？

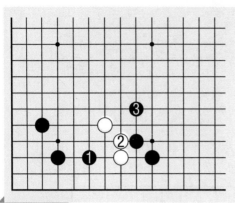

图1 正解

图1 正解

黑1逼是攻击的急所，白2补断点，黑3跳保持攻击的态势。

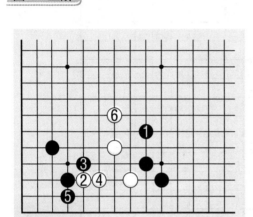

图2 失败1

图2 失败1

黑1单跳错误，而白2靠是正确下法，以下进行至白6，白棋不再受攻。

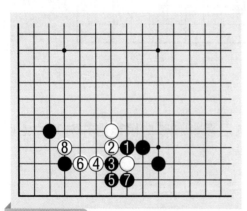

图3 失败2

图3 失败2

黑1、3冲断是初学者的下法，白4打吃后，白6顶是正确的次序，黑7拐头，白8扳，结果黑棋因小失大。

问题图 25 ▶▶

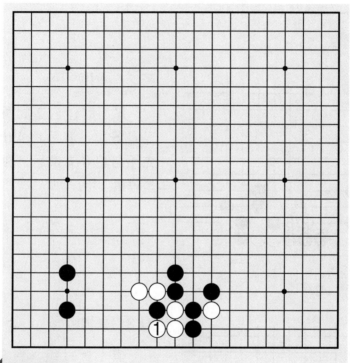

问题图 25

　　黑先。白1打吃，其后黑棋应采取进攻的态势。请问黑棋应如何攻击？

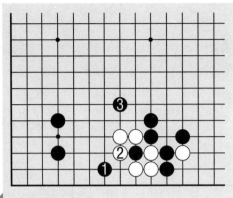

图1 正解

图1 正解

黑1点是好棋，白2如果提子，黑3飞可攻击整块白棋。

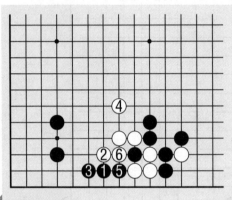

图2 变化

图2 变化

黑1时，白2如果尖，黑3退是好棋，其后白4出头，黑5先手与白6交换后，白棋整体仍是浮棋。

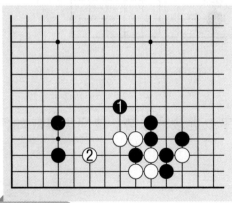

图3 失败

图3 失败

黑1封过缓，白2飞做活，白棋不再受攻。

问题图 26 ▶▶

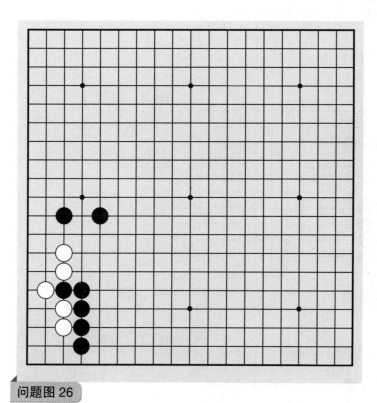

问题图 26

　　黑先。角上白棋仍是弱形，黑棋应破白棋的根地并对其实施攻击。请
问黑棋攻击的手筋是什么？

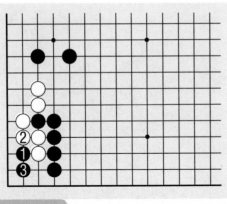

图1 正解

图1 正解

黑1破白棋的根地是手筋，白2如果连接，黑3退后，白棋仍不活。

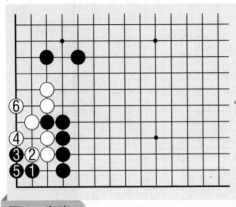

图2 失败1

图2 失败1

黑1单跳，白2挡，以下至白6，白棋就地做活。

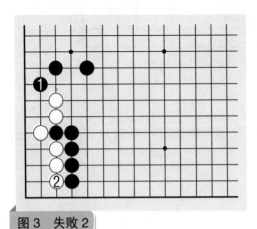

图3 失败2

图3 失败2

黑1尖同样不行，白2挡后，白棋可以安定。

问题图 27 ▶▶

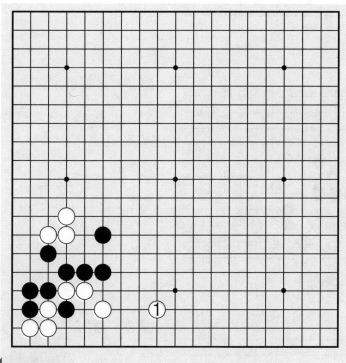

问题图 27

　　黑先。白 1 拆二多少有点薄，现在黑棋应通过攻击白棋的弱点而有
所收获。请问其攻击的手筋是什么？

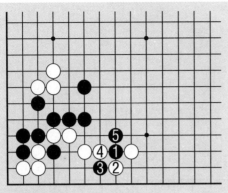

图1 正解

图1　正解

黑1靠，白2时，黑3反扳是正确次序，白4时，黑5长，黑棋可瞄着白棋的弱点。

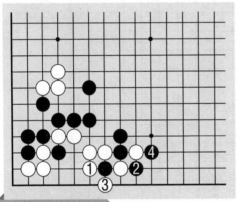

图2 正确的继续

图2　正解的继续

续图1，白1打吃黑一子，以下至黑4，黑棋可以征吃白一子。

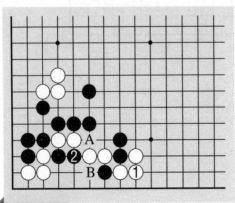

图3 变化

图3　变化

白棋为避免图2的进行，若白1接，则黑2打吃可以成立，以后白A时，黑B即可。

问题图 28 ▶

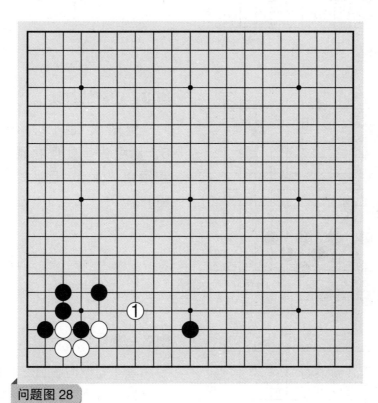

问题图 28

黑先。白 1 飞，意在向中腹出头。请问其后黑棋应如何攻击白棋的弱点，其攻击的手筋是什么？

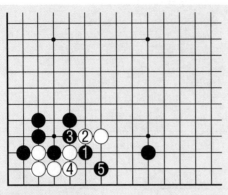

图1 正解

图1　正解

黑1搭是攻击的急所，白2如果断，黑3打吃后，黑5尖是正确的下法。

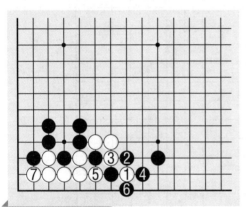

图2　正确的继续

图2　正解的继续

继图1，白1搭，以下至黑6，黑棋先手处理右侧后，白棋还须白7做活，因此黑棋可先手得利。

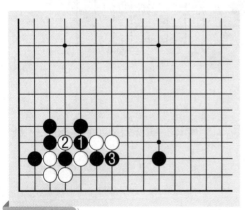

图3　变化

图3　变化

黑1打吃时，白2如果提子，黑3联络是好棋，其后黑棋可以攻击白二子。

问题图 29 ▶▶

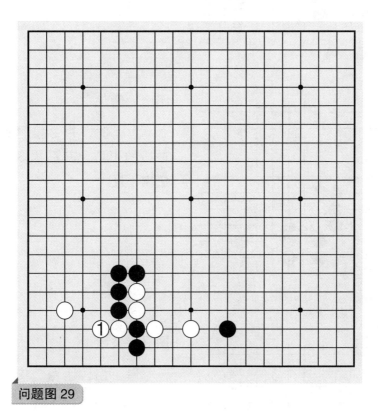

问题图 29

黑先。请问白1长，黑棋攻击白棋弱点的手筋是什么？

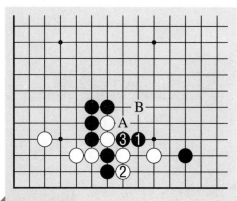

图1 正解

图1　正解

黑1点是急所，白2挡，黑3打吃即可。以后黑棋如果征子不利，白A时，黑B封是好棋。

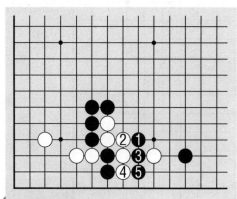

图2 变化

图2　变化

黑1时，白2接是避免图1进行的下法，其后黑3、5冲下，白棋不好。

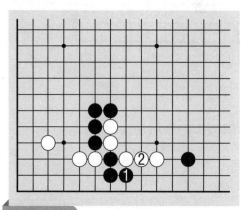

图3 失败

图3　失败

黑1拐，让白2接后，黑棋无任何后续手段，黑三子被无条件吃住。

问题图 30 ▶▶

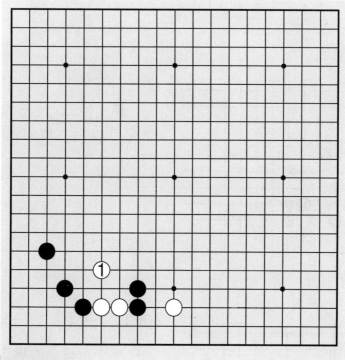

问题图 30

黑先。白 1 单跳出头。请问黑棋应如何攻击白棋，其攻击的手筋是什么?

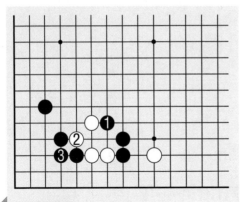

图1　正解

图1　正解

黑1尖是攻击白棋的急所，其后白2虎，黑3则顺势补棋。

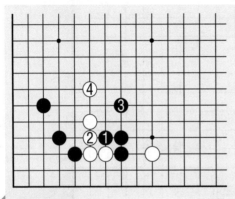

图2　失败1

图2　失败1

黑1冲、3跳不好，白4跳出后，以后白棋可考虑在角上打入。

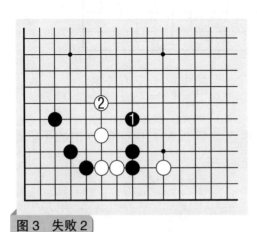

图3　失败2

图3　失败2

黑1是错误的攻击方法，白2跳后，结果与图2大同小异。

问题图 31 ▶▶

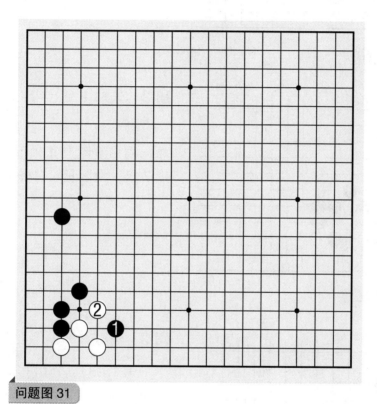

问题图 31

黑先。黑1点，白2出头。请问其后黑棋应如何攻击白棋？

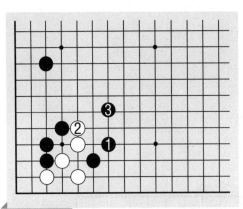

图1 正解

图1 正解

黑1尖问白棋的应手是正确的，其后白2冲，黑3单跳，黑棋可以继续攻击白棋。

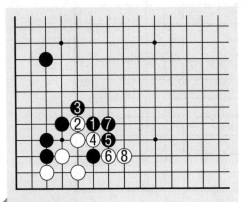

图2 失败1

图2 失败1

黑1封过激，此时白2、4冲，再白6断是正确下法，以后黑7接，白8长，白棋可以安定。

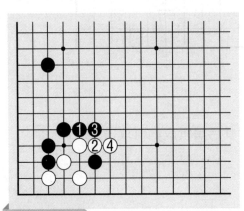

图3 失败2

图3 失败2

黑1、3压，让白2、4长出，黑棋非常不好，下侧黑一子已无疾而终。

问题图 32 ▶▶

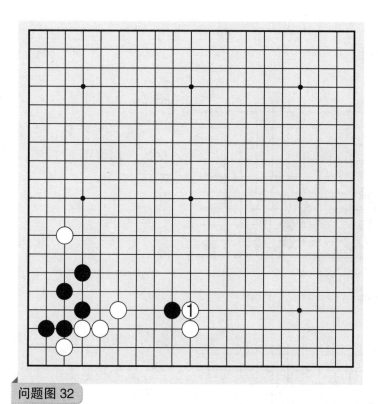

问题图 32

黑先。白 1 长时，黑棋可以分断并攻击白棋。请问黑棋攻击的手筋是什么？

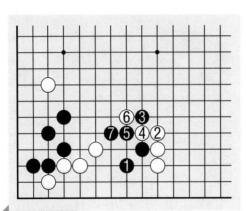

图1 正解

图1 正解

黑1尖是攻击的急所，白2如果长，黑3跳是连贯的好棋，以下进行至黑7，黑棋可以攻击角上白四子。

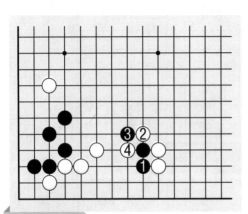

图2 失败1

图2 失败1

黑1挡不好，白2扳，黑3反扳，白4断是强手，黑棋战斗不利。

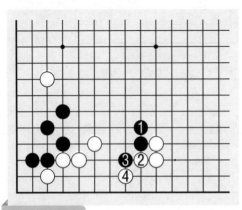

图3 失败2

图3 失败2

黑1长是受棋形束缚的俗手，白2拐，其后白4扳，白棋可以联络。

精讲围棋中盘

技巧

·攻击

问题图 33 ▶▶

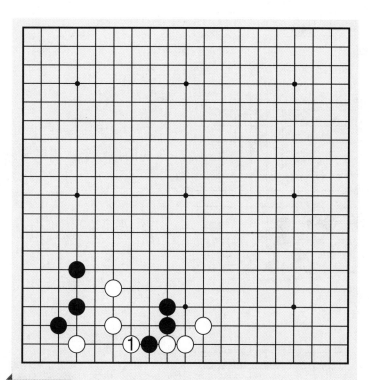

问题图 33

　　黑先。白1夹时，黑棋应通过攻击白棋而有所收获。请问黑棋如何攻击白棋？

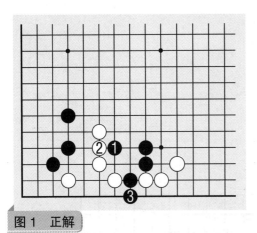

图1 正解

图1 正解

黑1刺是正确下法，白2若接，黑3下立，由此可以分断白棋。

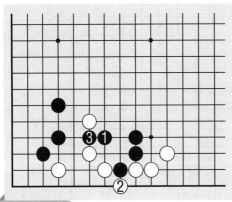

图2 变化

图2 变化

黑1刺时，白2如渡过，黑3冲断白一子，黑棋充分。

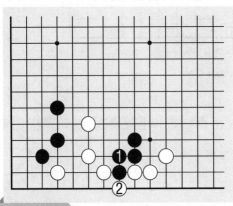

图3 失败

图3 失败

黑1接，被白2渡过，黑棋无后续手段，黑棋不满。

问题图 34 ▶▶

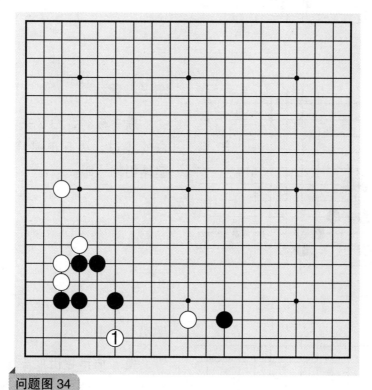

问题图 34

黑先。白 1 低空飞行，实际上是无理棋。黑棋应攻击白棋的弱点，请问其攻击的手筋是什么？

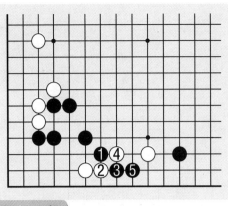

图1 正解

图1　正解

黑1尖，白2退时，黑3扳正确，其后白4如果断，黑5退后，白棋困难。

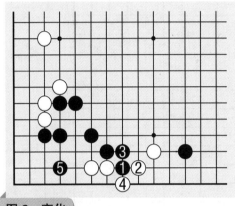

图2 变化

图2　变化

黑1扳时，白2夹，黑3接，白4渡过，黑5单跳守角，白棋整体仍无一眼。

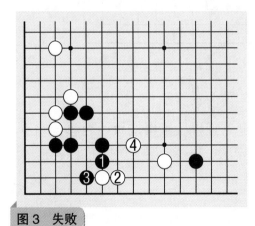

图3 失败

图3　失败

黑1顶是受棋形束缚的下法，白2退，黑3扳，白4飞出，白棋已有活形。

问题图 35 ▶▶

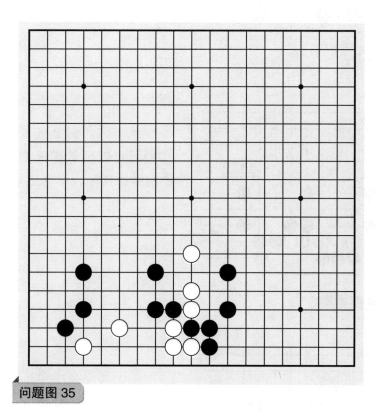

问题图 35

黑先。黑棋面临的问题是如何破下边白棋的根地。请问黑棋攻击的手
筋是什么?

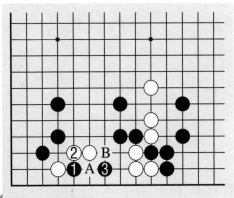

图 1　正解

图 1　正解

黑 1 靠是攻击白棋弱点之急所，白 2 如果挡，黑 3 点是连贯的好手，其后黑棋可以瞄着 A 位和 B 位。

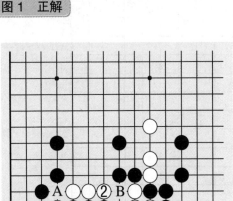

图 2　正解的继续

图 2　正解的继续

黑 1 时，白 2 如果挡，黑 3 接即可。以后黑棋只要在 A 位和 B 位中居其一，即告成功。

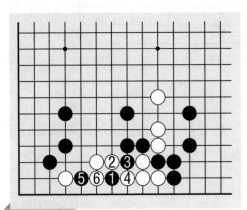

图 3　失败

图 3　失败

黑 1 先点次序错误，白 2、4 后，黑 5 再靠已来不及，白 6 可打吃，白棋可以成活。

问题图 36 ▶

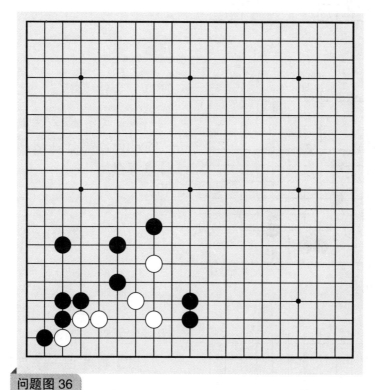

问题图 36

　黑先。黑棋如何破白棋的根地是目前的焦点。请问黑棋攻击白棋弱点的手筋是什么？

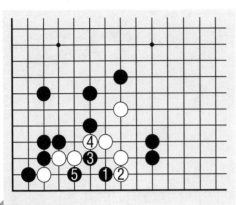

图1 正解

图1 正解

黑1点是攻击的急所，白2如果挡，黑3尖后，黑5虎，黑棋即可简单联络。

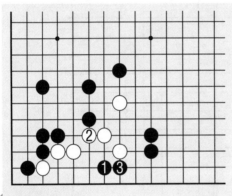

图2 变化

图2 变化

黑1时，白2连是为避免图1的进行，黑3连回后，白棋整体是浮棋。

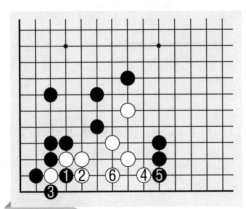

图3 失败

图3 失败

黑1打吃白一子只不过是官子行为，白2、4后，白6虎，白棋可以轻松活出。

问题图 37 ▶▶

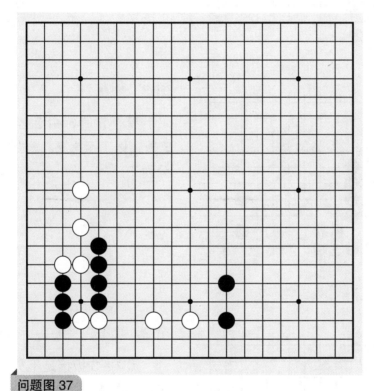

问题图 37

黑先。下边的白棋看起来已经很完整，但通过仔细分析，白棋仍存在弱点。请问黑棋攻击白棋弱点的手筋是什么？

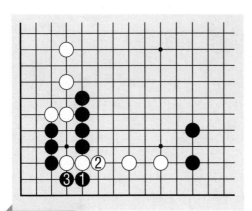

图1 正解

图1 正解

黑1靠是攻击白棋弱点的锐利手筋，白2后退时，黑3连回，黑棋可以攻击白棋整体。

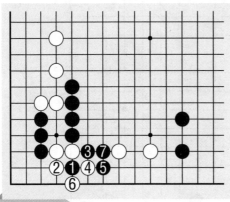

图2 变化

图2 变化

黑1靠时，白2挡无理，黑3扳，以下至黑7，黑棋将白棋一分为二。

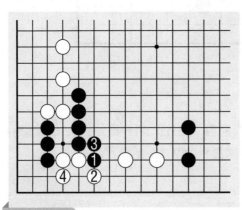

图3 失败

图3 失败

黑1、3扳接是不负责任的下法，至白4，白棋完全安定。

问题图 38 ▶▶

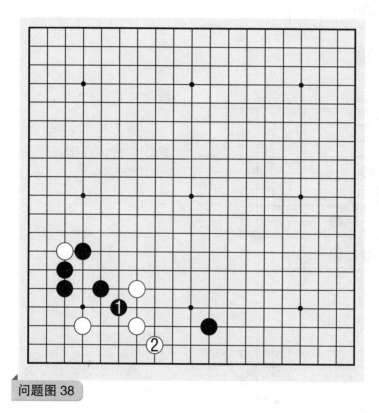

问题图 38

黑先。黑1刺，白2尖是有效防备两侧弱点的方法，但黑棋仍有攻击白棋弱点的手段。请问黑棋攻击的手筋是什么？

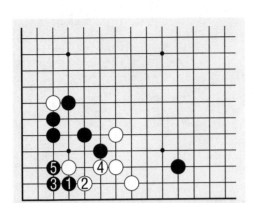

图1 正解

图1　正解

黑1托是手筋，其后白2如果内扳，黑3退，至黑5，黑棋可以攻击整块白棋。

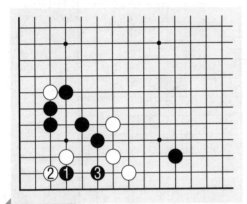

图2 变化

图2　变化

黑1托时，白2外扳无理，黑3单跳，白棋被分断。

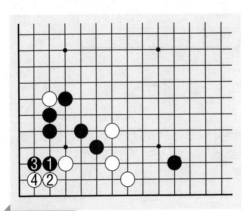

图3 失败

图3　失败

黑1无谋，白2扳，白4挡，白棋可以安定。

问题图 39 ▶▶

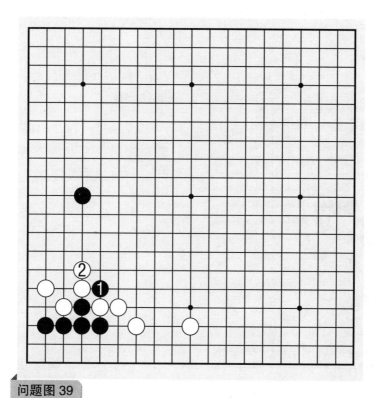

问题图 39

黑先。黑 1 断，白 2 长。请问黑棋如何攻击白棋才最佳？

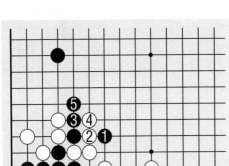

图1 正解

图1 正解

黑1单跳是攻击白棋的手筋，其后白2打吃，白4长，至黑5，黑棋可以攻击左侧白棋。

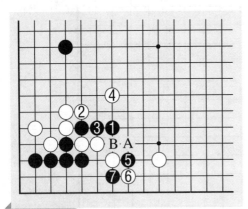

图2 变化

图2 变化

黑1时，白2打吃再白4飞，黑5靠后，黑7断是手筋，以后白A时，黑B可以吃白二子。

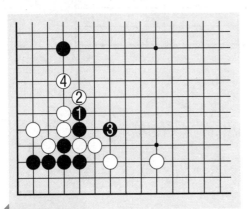

图3 失败

图3 失败

黑1长，被白2扳头，黑棋不好。黑3时，白4虎，很难判断是谁攻击谁。